谨以本书献给猴面包树

知育
書J

PARENTS BIENVEILLANTS,
ENFANTS ÉVEILLÉS

有效教育十法

LAURENCE DUDEK

[法] 洛朗斯·迪代克 著　　郑园园 译

生活·讀書·新知 三联书店　生活書店出版有限公司

我向小王子解释说，猴面包树并不是小灌木，这种树大得像教堂。就算他回去时带上整整一群大象，象群也吃不完一棵猴面包树上的果实。象群的说法逗笑了小王子。“那得把它们一只只摞起来……”他还颇有见地地说道，“猴面包树在长成参天大树之前，也是小小的呀。”

——选自圣-埃克苏佩里的《小王子》

前言

每当有人问我什么是“有效教育”时，我总是回答：“这是一种卓越的教育模式。”所谓模式，就是为了得到某个结果而使用的所有方法的总称。教育是一门在养育过程中发展一个人的性格、行为、知识、喜好、能力等的艺术。卓越，意味着好中之最，是所有中最有价值的部分。所以，“有效教育”就是在一个人的成长过程中，不管他处于哪个年龄段，为了获得最好的结果而对其使用的所有教育方法的总和。这个模式融合了理论（知识）、技术（硬技能）和行为能力（软技能），这三者相辅相成。考虑到社会环境、家庭情况和文化处境等因素的多样性，人们可根据实际情况酌情进行调整。

“有效教育”的概念建立在广义的教育心理学研究的基础之上，广义的教育心理学包含了这个领域涉及的所有学科，包括心理学、教育学、社会学、人类学、行为学、神经科学……列举不完。“有效教育”的原则建立在个人学习、发展方面能达到切实有效、可见的卓越效果的模型之上。

我使用了“有效”[1]这个词，首先，因为它没有歧义，即只有一个意思，不会由于人们的诠释而衍生出其他的意思。“有效”意味着达成目标。其次，这个词只是对事实的陈述，没有任何道德评判的色彩，无关乎好或坏、正确或错误，我们希望看到的就是行之有效的方法，同时拒绝影响达到预期效果的无效方法。

---

1 托马斯·戈登博士（Dr Thomas Gordon）在他的几本著作中均使用了“有效”这个词，包括：有效的父母、有效的教师、有效的领袖，但他所使用的方法被称为“戈登模式”。对于那些知道他著作或参加过“戈登模式”工作坊的人，我得强调“有效教育”不是“戈登模式”。但我也要说明，“戈登模式”的主要概念，如积极倾听、自我肯定、双赢谈判，正如马歇尔·卢森堡（Marshall Rosenberg）的非暴力沟通、亚伯拉罕·马斯洛（Abraham Maslow）的人本主义教育法和罗杰斯方法，以及其他一些我在本书后文中会提到的作者一样，或多或少都在我的实践过程中影响了我，丰富了我的思想。

我曾受邀到不同的场合指导“有效教育”，这些指导通常是为了帮助处于痛苦之中的孩子，其中大部分孩子都是因为成年人对待他们的方式而痛苦；或是为了帮助那些希望改善与孩子之间的关系的父母；或是为了帮助从事教育行业的人。所以过去十年左右，我用口头或书写（片断的内容[1]）的方式分享过我的教育模式。这些方式较不正式，现在对我来说正是时候，把我的理念用文字传递出去。这正是我书写此书的目的，希望您接下来阅读愉快！

框架和背景

我是一名心理治疗师，陪伴过那些希望通过认识内心而变得更加幸福的人，他们愿意通过改变心理状态而达到生命各个方面的圆满。在我看来，这个定义最接近我的工作的实质内容。我是心理治疗师，也是教育心理学家，这样的双重身份无法切割，紧密地交织在一起，尤其在我面对儿童时，不能只是心理治疗师或教育心理学家，我必须两者都是。所以我总是对母亲和孩子同时进行治疗，如果可能也可以是父母和孩子，换句话说，我不按照父母经常

1 自2013年以来，我在脸书上开通了自己的账号，如今已有14000多个订阅者。我每天都会上传文章，回答评论区的问题，很像一个大众化的教育工作坊。

描述的那种方法工作，即把家人安排到心理治疗室的外面，让治疗师"跟孩子好好聊聊"。我跟孩子单独在一起的时候，当然需要尊重孩子的隐私权——孩子越大，所需要的隐私空间也越大，但我总是尽可能地推动孩子身边的人参与改善家庭氛围。再说，家庭氛围确实是提升幸福值最重要的一点。

得益于我在心理治疗和教育心理学两个领域内所获得的双重能力，我在从业过程中开发出了自创的家庭疗法。这套方法的支柱是认知行为和人类发展心理学，从根本上受到米尔顿·埃里克森（Milton Erickson，1901—1980）[1]的思想很深的影响。我认为在这里有必要强调这一点，因为本书将经常谈到孩子的潜意识运作，并把潜意识当作心理运作的一部分。按照埃里克森学派的理念，人类潜意识的功能并非如精神分析所定义的那样[2]，是所有冲动及与道德不相容而被意识用保护机制压抑的意念的复现。精神分析中有关潜意识的功能描述目前已进入"公有领域"，都是片面

1 这位杰出的美国精神病学家和心理学家被认为是"短期治疗之父"，有好几个继承人，我们称之为"埃里克森学派"，其中格雷戈里·贝特森（Gregory Bateson）、保罗·瓦兹拉维克（Paul Watzlawick）创立了帕罗奥图学派，理查·班德勒（Richard Bandler）和约翰·格林德（John Grinder）是神经语言程序学（NLP）的创始人。

2 大学所教的临床心理学模型几乎全部是按照精神分析的定义去建构的，这就间接地让涉及心理分析的领域——不管这些领域与心理学的关系是远是近——都在使用精神分析的理论。

的、流行的看法；整体上普遍认知就是：潜意识是狡猾的、诡计多端的，带着不可言说的目的，我们应该时时警惕它而不是以它为荣。埃里克森学派最基本的发现，也符合我在教育心理学领域实践过程中的体验，就是潜意识是温和的、有用的，对心理是有益处的。对埃里克森来说，潜意识就像一个人的“绝对记忆”的巨大水库，里面有过去的经历积存下来、没有意识到的记忆和这些经历带来的结果。潜能、学习、信念、自主性等所有参与人脑运转过程却没有被意识到的一切组成了潜意识，其原则是反应和自主性反应——指不取决于有意识的意愿和命令的反应，类似于更高的意识这样的智能实体。这就是为什么在这整本书的解说中，我们都要把潜意识视为盟友。

学习
如何教育

当我们认为孩子的行为不合宜、令人难以接受，甚至不正常，或他们不像自己和周围人所期待的那样“运作”时，绝不是因为孩子自己的内部出了问题，问题在“外面”。这跟来向我咨询的成年人所想的恰恰相反。我总是对他们说：“所有的解决方案都在你们身上。”因为在治疗过程中，他们必须负起对孩子的全部责任：解决方案经常都在“外面”[1]。所以，孩子身上问题的由来、原因以及解决这些问题的方法，都在父母和所有参与孩子教育的成年人身上，他们拥有改变局面的能力，并且有责任先开始做出改变。

所以，您作为家长或老师，拥有改变儿女或学生行为的钥匙。可是，来向我咨询的家长常常说他们被困在死胡同里。确实如此。既然您买了我写的书，现在又在读这本书，我可以假定您已经尝试过改变孩子，但结果并非如您所愿，您和孩子的关系也没有因此变好。试着命令、责备孩子，让

1 我们当然可以修复人们以前在自尊、信任感、安全感等方面受到的内在伤害，这正是治疗师的工作，他们清理伤口，让伤口愈合，让病人能够继续享受生活，但在面向家庭、父母的咨询工作中，我们仍然是从“外面”寻找问题的解决方案。

他们觉得愧疚，问他们“为什么”不做成年人所说的事……这些试图改变孩子的措施都是致命的错误，导致教育迷失在高压教育的做法中，找不到出口。高压教育最常见的就是奖惩制度，因为命令和限制没有作用或效果很差，有时短期内我们确实会看到一些效果，但就学习本身来说，这些方法的效果总是令人失望，最终总是要惩罚或承诺奖励，而这两者其实是差不多的。所以，家长会觉得在“绕圈圈”，不知道该“做些什么”，或许正是这些疑惑让您现在正在阅读我的这本书。

我在这里提出“有效教育”最重要的预设之一，就是儿童的行为属于反应性行为。他们的行为反应与所处的情境有关，与他们从身边的人那里学习到的东西有关，也与成长环境有关。通常，除了本书不会涉及的心理疾病或认知功能障碍等特殊情况外，儿童的行为没有什么内源性原因。这里我们要讨论的是没有内在心理疾病、精神疾病或由于神经生理上的特殊情况引发的理解障碍——是那些健康的儿童在发展的不同阶段和习得技能的过程中所遇到的情况。需要强调的是，虽然有些孩子在成长过程中已有点被扭曲，但我们所要讨论的这一系列教育和沟通原则对所有儿童甚至成年人都是普遍适用的，不管他们拥有什么条件、处在什么样的情境中。

参加过“有效教育”工作坊的绝大部分人对美国畅销书作者菲茨休·多德森（Fitzhugh Dodson）博士的一本书《如何做父母》（*How to parent*）都有印象。这本书翻译成法语后书名为《一切都取决于六岁之前》，法国编辑自己定的这个书名吸引了大量读者，大部分购买这本书的读者都按照书名的字面意思去理解，认为六岁之前一切都决定好了，以后就晚了，再没什么可改变的了！事实上，这是一本心理学的书，谈论零至六岁儿童的不同发展阶段和基本的认知过程：他们学习走路、说话，他们自我意识的觉醒，他们如何社会化……这些能力大部分都是通过游戏习得的。但这本书因为书名而获得的成功，让我们看到父母们是多么担心错过孩子的某个成长阶段，他们多么需要被陪伴着“成功地”教养孩子、指导孩子更好地去面对将来的生活。当然，孩子在年幼时会学到最多最基本的事，这非常符合逻辑，因为那本来就是最需要学习的阶段；但人的自我身份却是在一生中随着发掘、建造自己的归属感而不断被建立、被丰富起来的。直到生命的终了，我们都在学习，我们的每一段经历都会累积、改变或加强我们在感知、行为、才能、情绪、知识等方面的学习能力。再说，学习从不嫌晚，要成为“有效教育”的教育者也从不嫌晚——在这种教育方法下成长的孩子总是卓越的、充满喜悦的。就算孩子已经长大成人，我们仍然可以改变相处模式，做一些在孩子孩提时我们未能做的事。此外，“有效教育”内含的非暴力沟通在人生的任何处境下都非常有效，而不仅限于教育关系中。

容易上手的方法

“有效教育”工作坊面向父母、老师以及在教育领域各个岗位上工作的所有工作者，这本实用手册是我针对那些无法来参加工作坊的人而写的，通过这本书读者也能了解在几天的工作坊中互相交流的资料和课程内容。本书共有十章，每一章都是一把“有效教育”的“钥匙”。之所以选择这几个点，是因为它们是我在亲子关系咨询、家庭疗法、儿童和青少年心理治疗过程中以及在幼儿园、小学和其他教育机构面对教育者演讲时最常被问到的问题。本书将教育的三个方面——知识、硬技能和软技能融合在一起讨论，因为这三者是相辅相成的，并由我在工作中所遇到的具体个案和实际情况描述支持理论的阐述。我希望本书能引起读者的共鸣，您可以从中找到在为人父母的道路上对自己和对孩子最有益的部分。正因如此，这不只是一本谈论与孩子沟通方法的说明，我希望您在阅读本书后，握有“有效教育”的钥匙；同时也像是参加了一个实践探索的工作坊，到我的办公室进行了一场咨询。

每一章包括两个部分。第一部分阐述“有效教育”的原则，第二部分则是“讨论”，内容来自工作坊的讨论交流记录或脸书账号“心理治疗师洛朗斯·迪代克”上一些文章的评论。诚愿您在这条走向卓越教育的道路上，不仅效果显著，还轻松愉快。

展望一个更好的世界

我希望，“有效教育”的十把钥匙能打开您身后的一扇扇门，让您享受作为父母或教育者的幸福。这十个关键的原则决定了有教养责任的成年人与他们所教养的孩子之间的关系。在我的从业经历中，不管在学校还是在家庭中，我经常观察到一些“扮演爸爸妈妈角色”的父母或“扮演老师角色”的教育工作者。他们按照自己所受的教育采用老一套的模式，完全忘记自己曾经是个孩子，忘了自己还是孩子时所期待的教育模式。当有人问他们，为何采取这样或那样的强制措施，为何用这种或那种方式为难孩子，为何遵循这个或那个原则，例如关于家庭作业、奖惩制度、个人评分、孩子间的比较、情感操控（“我为你感到骄傲”或“我很失望”）等这些已被证实无效、结果令人不满意的做法？——他们自己也承认事实上就是这样，但他们认为这是已知最好的方法，所以才这么做；或者因为一个班有三十个学生或一个家庭有四个孩子，“没有别的方法”；又或者因为这是别人对他们的期待，“别人”可能是学校、学生家长、系统、职场、社会等。他们通常会解释说“我这么做也不享受啊！”，或“平心而论，我也觉得不开心”。

接着我就问他们为什么没有尝试改变高压关系，这样的教养关系充满了限制，用死的规条限制了人的才智的发挥。最常见的另一类回答是，他们不愿意冒着失去权威或失去对孩子的“控制”的风险，唯恐孩子“任性只做自己想做的”，或“什么都不想做”，好像孩子天生就是叛逆的、不愿意做别人希望他们做的事；好像做事本身，即学习本身无法给孩子带来积极感受，好像天真并不存在一样……

统计数据显示：非高压教育从内容到效果显然都更好，

但也不足以改变成年人进行思考的模式。这是好几代人被迫接受格式化教育的直接结果，也是学校这个伟大项目的弊端——把孩子们聚集在一起，让他们学习彼此照顾。想得太美好了！接受高压教育的父母和教育者，往往陷入那些自己无法知道“为何如此”且很难证明有效性的教育原则中，忽略了生活中的乐趣及他们自己的幽默、创造性、想象力、满足、自信，他们强行扮演着父母或老师的角色，而大多数时候却“四不像”，只是把僵化的外衣披在了他们真实的自我或直觉上，并压抑了他们的同理心。这就是为什么我邀请您从今天开始就下定决心致力于成为您所期待的真正的父母或老师，勇敢做您自己，这样做不仅是为了有效地教养孩子，更是为了脱掉让您与幸福绝缘的紧身衣。

当我们拥有某种权威，不管在何处都需要好好使用，以产生最好的效果。我认为改变成年人教养孩子的方式是一个人道主义的任务，因为这样做能改变世界。如何教养孩子，决定了孩子以后成为怎样的成年人，当然，就算是成年了，要改变也永远不嫌迟。艾丽斯·米勒（Alice Miller）发现对儿童施加暴力与成年人社会的残暴性是相关的，她的职业生涯致力于研究父母的行为如何影响社会的未来，特别是如何影响人民对暴力政治的服从、与权力之间的关系。有时，我听到父母说他们主动用暴力的方式教育孩子是为了“更好地培养他们”去面对世界的残酷、社会的不公、激烈的竞争等。我向他们指出：虐待只会让受虐儿童更脆弱，而不是让他们变得更强[1]。一般而言，在成长过程中没有被强迫服从、自尊没有被伤害的儿童面对不公时，反而比童年时屈从于成年人强权的人更能自我防御，也更不会让别人遭受不公平；除非接受高压教养的儿童在成年之后自己成为强权的人，然后重复用自己所经历的教养模式对待下一代。因此，我邀请所有的父母好好衡量自己在这个“残酷”的世界上的责任，我们常常说这是一份天职：我们可以选择用高压模式教养儿童，他们长大后就重现强者法则；也可以借着他们，建造一个更美好的世界。我相信一个尊重儿童的社会一定会是最人性化的社会，它能体现人性最高贵的一面。同样，我也相信，改变世界，任何时候都不嫌晚。改变，从我开始。

1 尼采有句被滥用了的名言：“杀不死我的只会让我更强大。”但事实与我们所相信的正相反，杀不死我们的伤害不会让我们更强大，是伤口的治愈让我们更强大。

目录

1

我们
会做的一切都是学来的

人的教育始于他出母腹的那一刻，

在他还未开口说话、侧耳倾听之前，

他就已经开始学习了。

——让－雅克·卢梭（Jean-Jacques Rousseau）

作为人类，我们因学习而存在。从出生到死亡，人生的每一个经历都让我们获得某些技能。人类跟动物不同，我们刚出生的时候什么也不会，当然，除了如咳嗽、呼吸、眨眼、吞咽等一些基本反应之外；从动物行为学的角度来看，初生婴儿并不拥有任何天生的技能和本能。[1]

所以，我们会做的一切都是学来的。孩子的所有行为都来自学习，包括父母不给糖果时满地打滚儿、不高兴时自己打自己的脑袋、到处乱跑不听劝、打断别人讲话等一些行为障碍或不合宜的行为。孩子们的这些行为，就是从某处“学”来的——本书后面会更具体地讲解，换言之，他们没有学会其他的表达方式。

此外必须强调的是，人类学会的东西是不可能“忘记”

1　动物行为学意义上的本能，是生物体天生的、遗传而来的某些特定行为，这些行为不需要事先学习就能完美地完成。为了得到某种结果，生物体不需要有意识就能做出的一系列行为就是出于本能。（此定义来源于国家文字和词汇资源中心——法国国家科研中心/CNRS的语言门户。）

的。虽然意识有时会忘记一些事，但所有的经验记忆[1]都会完整无缺地储存于潜意识中。因此，我们可以通过加入新数据、归档过时信息而修改我们学到的内容，不断完善所储存的信息。

孩子是怎么学习的？

首先通过榜样，即模仿。您一定看到过以下的场景：当一个人对着新生儿微笑时，新生儿也会微笑。这在生物学上称为模仿性，就是非自主、无意识的模仿。除了呼吸、吮吸、小便等器官的基本反应之外，婴儿所做的一切都是在模仿。婴儿主要通过观察和感受，也就是非语言的沟通方式来学习。

成年人之间的对话中有75%的信息是通过非语言的方式来传播的，即借由说话的方式和信息被接收的方式传达出去，其中包括对话者的眼神、互动的处境、对话者之间的关系等。这部分信息对年幼的孩子来说比例更高，因为他们的语言表达能力不如成年人。这就是为什么我们总是建议成年人对婴儿说话。您认为婴儿不理解成年人所说的话吗？要知道，他们至少可以理解成年人所要表达的内容中的75%——我们所说的非语言交流，这个比例远高于我们一般的想象。因此，

1 该记忆包含了我们所有的生命经历。

我们要很小心地在孩子面前说话，慎重对待孩子参与的讨论，即使是很小的孩子，我们的言语都可能对他们的心理造成很极端、破坏性的影响，原因是他们接收了那些信息，却要等到很久之后才有可能真正清晰地用语言表达出来。[1]

孩子模仿的不仅仅是怎么做，所有情绪状态的波动，孩子也会因沉浸[2]在其中，产生共鸣进而模仿情绪的反应。您可能已经经历过这一点了，例如轻声跟婴儿说一些不见得真正有意思的话语，利用语调的音乐性可以安抚婴儿。

孩子是情绪的镜子

孩子是情绪的镜子、环境氛围的气压计、我们心灵状态的启示者。当您感到无所适从、害怕、生气时，他们也会感到无所适从、害怕、生气。在和成年人互动时，孩子们的情绪会跟成年人同步，还经常会放大成年人的情绪。孩子年纪越小，他们的行为越容易反映内心的状态，因为他们还没学会隐藏，而绝大部分成年人都会隐藏自己的情绪。

老师是最先见证这种情绪共鸣的人。一个老师在班上说："我不知道他们今天怎么了，精力旺盛得都快把房顶掀了！"

1　心理的痛苦可能会通过生理上的症状表达出来，这种现象叫作躯体化。

2　在教育心理学上，这个词专指外部刺激对潜意识产生的影响和作用。

他说的事实上是自己的感受，但这话却在班上营造出了这样的氛围，（或）被他的负面情绪放大后的氛围。相反地，如果有一天他心情愉悦，说话还开玩笑，那么整个班级的氛围就很轻松，学生们愉快地学习，他自己则会觉得学生们都很可爱。我们都曾在学校里学习过，我们知道有的老师带出来的学生比较优秀，原因不在于他们教的内容（知识），也不在于他们的技巧（教育领域的硬技能），而是因为老师的软技能以及他们不断与学生建立的关系。不同的老师使用差不多的内容和相似的方法进行教学，但学生的接受度相差很多。

看重软技能

我们习惯把三类“学问”按重要程度排序：先是知识，接着是硬技能，最后是软技能。学校按着这样的优先顺序去安排教学，最看重技术的教学，其次是体能训练，最后才是人文科学。可是这样的价值体系违反了人类首先需要感受到主体性的经验结构，[1]软技能注重处理关系的能力，而这又跟情绪管理有关。

情绪管理是培养学习能力必不可少的一个条件，不管用

1　接下来将描述人类经验的概要。

什么方法避开，例如借由国家教育政策——总是偏向培养理性认知、看重智性知识，最终我们还是得面对情绪管理。这就是为什么当我们希望进行有效的教育时，前文提到的排序应该倒过来：最先注重的应该是软技能，接着是硬技能，最后才是知识。因为教授硬技能和知识的人所具备的软技能水准决定了受教者的学习质量，而受教者的软技能则促进他对知识的吸收。

当情感阻碍了学习

所以，在学校或家庭里，正是师生关系或亲子关系决定了教育是否有效，孩子是否学到了该学的内容。如果成年人带着强制性的目的、用威胁的语气跟孩子说“给我收拾好你的房间”或“给我穿上拖鞋”，害怕或罪疚感，有时甚至还有愤怒、悲伤等负面情感，就会占据孩子所有的本该属于学习的体验空间，孩子就失去了原有的学习能力。等到下一次类似的场景出现，成年人则会期待孩子已经“明白”之前的“教训”，可是孩子不会穿上拖鞋或收拾房间，因为他在该学习的时间和空间里，被一种或多种负面情感完全占据，这些情感持续地带给他负面的影响和体验。他不仅学不会穿上拖鞋或收拾房间，还会把“穿上拖鞋”跟“不舒服”画上等号或认为“收拾房间”等同于“罪疚感”。

结果，潜意识里为了最大限度、最优先地保持人的幸福感而从心智上排除了跟这两件事相关的一切——与事件相关的讯息、环境和感受。潜意识一旦察觉到“不妙”，就会自动忽略或把它们保存在意识记忆以外的地方，我们把这种反应叫作“掩盖”。最终，有了负面情感体验的孩子根本没有正面地学到任何事情，他不仅不记得要穿拖鞋或收拾房间，他甚至都不清楚要如何做才能达到成年人的要求，因为成年人忙着生气，没空告诉他最重要的部分——该做什么以及怎么做。日常生活中的这些小事，成年人、父母或老师不得不一遍又一遍地进行重复说明，因为孩子没有习惯性地自主完成，而我们通常认为这是因为“孩子什么都无所谓”、不上心、不注意。不幸的是，这种对孩子动机的负面投射非常常见，这样的投射不仅对孩子有害，它们更像是预言或孩子无法违背的命令——我们稍后再来仔细看这一点。

坚持不懈，直到成功

成年人无数次向孩子解释、演示如何做一件事，可孩子就是做不到，这说明孩子还是没有学透。只要孩子没完全吸收知识，教育者就得继续陪伴他，直到孩子能够单独完成成年人给他的这个任务。

有时确实会发生孩子忘记自己所学内容的情况，他自己会说：“我没往这儿想。”成年人就会说，这孩子心不在焉、无法集中注意力……可是，孩子不是故意的。受教者没学会一件事，是因为缺乏做好这件事的必要条件——环境因素、材料工具、有效的组织、认知条件、情感体验或生理原因……没有一个孩子会因为完全不在乎别人而不去做被要求的某件事，所有的孩子本意上都愿意完成别人希望他做的，因为这会给他们带来满足感，也会满足他们天生强烈的学习欲望。所以，您可以从日常用语中删除以下类型的谴责：“他很懒”“他是故意的”“他不专心”“他没在听”……“有效教育”通过让您摆脱投射在孩子身上的这些限制他们发展的结论，从而使您有能力帮助孩子完成每个阶段的学习。

教育者的榜样

孩子从模仿和浸泡在其间的环境中学习，千万不要忘记您就是那个榜样，不要要求孩子做您自己也做不到的事。千万不要大喊着叫孩子安静下来，不要叫孩子做一些有悖于您日常习惯的事……这些，就是基础。这并非要求您时时刻刻都必须得以身作则，这是不可能的，因为我们的精力都很有限。只是要知道，您自己不做的事，就不必试图勉强孩子，这是行不通的，在孩子的认知层面是完全无效的，您甚至会得到与预期相反的结果。如果您用诸如承诺、威胁、让孩子产生愧疚感、身体暴力等手段去勉强孩子，“强迫”他学一些东西，您可能会在短期内得到您想要的结果，但孩子真正学到的是这些约束所内在隐含的东西——当我们让孩子害怕，他学到的就是害怕，为了保护自己而撒谎，逃避互动，充耳不闻以逃避该环境……成年人因为孩子没有整理房间而惩罚孩子，孩子学会的就是被惩罚，而不是整理房间。

一般来说，当您无法平静地教导孩子时，例如您的精神状态不允许您跟孩子一起做一件事，那么就尽量避免自己去要求孩子做这件事。这时，您最好一个人出去走走，给自己一段时间冷静下来，让您的配偶甚或孩子的保姆、祖母去照顾孩子。等您再回到家中时，您已经平静下来了，再面对孩子就不会暴力相向或发泄情绪——孩子总是这两者无辜的受害者。只要您没有采取一种有效的教育方法，孩子就无法真正回应您的要求。

尝试、犯错和重新开始

学习的第二个媒介是尝试，与错过、犯错、摸索、再试一次等紧密相连。我们也从错误中学习，做错了、摔倒了、打翻杯碗、错过某件事，对孩子来说是必不可少的经历。因为我们只有经历过不知道如何去做，才能确定自己知道如何去做。所以孩子做错的时候，正是他学习的时候。可如果您在这个时候让他感受到您的失望或焦虑，或其他让他觉得他不应该做错的情绪压力——即使您嘴上没有说，您也是在阻碍孩子的学习进程。

在孩子还很小的时候，我们就得开始允许孩子犯错了，例如吸奶这件事，我们说“他不太会吸奶”；还有“不会走路、说话”等。有些父母来向我咨询，因为他们三岁的孩子完全不吃父母准备的饭菜。要知道，接受某种味道不是与生俱来的，对孩子来说这是一个学习的过程：品尝、感到惊讶、吐出来，再去尝试，暂时拒绝，接着又喜欢了起来……所有这些都是学习的一部分。

在学习过程中让孩子感受到任何压力，都会打乱学习的进程，延迟孩子获得这方面的能力。如果父母无法用爱、接纳的态度看待孩子拒绝某种食物的阶段，帮助他成功跨过这种初始情绪[1]，孩子无法信任父母，就非常有可能会拒绝再次尝试。

1 食物恐新症是成长阶段正常的过渡现象，通常发生在两岁到六岁的孩子身上，处于这个阶段的孩子会不愿意品尝从未试过的新食物。这个现象是暂时的，也会慢慢减弱。只是如果这个过程不顺利的话，即没有让孩子安心，父母本身对于食物有很多限制，或用暴力逼迫孩子进食等，就会导致孩子长期挑食、厌恶某种食物。

一般来说，孩子越小，就越容易从错误中学习，因为父母接受他们犯错、笨手笨脚：“小可怜！他打翻了一杯水，不过这没什么关系……”可一旦他们入学之后，拿回来的成绩单不好，就是灾难了！但这个暂时的考试结果只说明了他正处于学习的过程中。如果您因此让他感到内疚，表现出您的失望，给他压力，您就是在阻碍他的发展。当然，这并不意味着他学不到任何东西——几千年来，孩子都是通过这种方式学习的，我并不否认这一点，但用这种方式确实学得比较慢、比较差，学到的东西也比较不扎实。这种学习进程没有让孩子的能力最优化，并让他们成为最好的自己。

学习能力的焦点

要让孩子有自信，首先得让他感受到成年人信任他，尤其是他的父母，其次还有老师。因此，为了避免带来跟他发展水平不符的挫败经历，我们很有必要根据孩子的年龄和已有的经验先来评估他的学习能力。这话反过来说同样成立：因为担心孩子做不到，而阻止自己有意愿尝试的孩子去做一些事——孩子通常会自己说想试试看——这同样是不明智的。您可以通过许多专业书籍、可靠网站上的信息去了解孩子每个年龄段在各个学习领域的发展的详细信息。

我在这里要说明的绝对不是“好”或“不好”，也不是评论或质疑一些教育方法，所有这一切，都只关乎是否有效。我建议使用的方法会带来最好的效果，并不意味着其他方法都是“坏的”，只能说其他方法可能没那么有效。我们可以背着三十公斤鹅卵石跑马拉松，就像我们可以一整天带着三十公斤负面情绪生活一样。这样当然是可行的，可是这样就跑得不快。我们也可以选择卸下这些重负，用尽全力奔跑，而不是在抵达时因为负重精疲力竭。

“有效教育”始于给孩子机会尝试，也就是说给孩子创造适当的情感条件，以满足他天生的学习需求，这种需求决不会停止，除非我们压制它。请时刻记得，一个孩子若停止在某个发展阶段无法继续学习，首先是非常痛苦的，我们不能把他当作一个懒惰的孩子。这就是为什么我们必须创造利于孩子尝试的环境，还得接受他们犯错——我甚至得说，“欢迎”[1]他们犯错。然后认可他们获得的知识或技能，这样他们就能继续走向下一个阶段。

1 成年人应该把错误当作一种祝福。孩子犯错了吗？太棒了！他正在学习呢！

游戏：认知的“助推器”

榜样和尝试，可以说是学习的主要载体，我们可以把它们比喻成载着孩子通往智慧[1]的道路上，用以获得各种知识、能力的车辆。只要给车辆加满高效的燃料，车就跑得更快。而燃料，我们可以分成好几个类别，组合在一起就是时下流行的人本主义心理学[2]讲的“内在动力”。这些动力是一个人的品格、心灵的状态和情绪感受，当它们在潜意识中活跃时，就能让人充满力量以达到个人发展的目标。让人充满干劲最有效的动力清单如下：幸福、满足、快乐、愉悦、惊奇、乐趣……举不胜举。

您认为孩子在哪种类型的活动中最容易自发且最大程度地运用这些内在动力或其他资源？在这种活动中，他们不需要别人鼓励也能永不厌倦地做下去。答案就是游戏。

对孩子来说，游戏不仅是社会化、探索世界所必需的练习，更是一种学习方式。因为游戏很有吸引力，能让孩子在不抱怨的情况下进行任何学习，连最令人讨厌的情况都可以

1 这里我指的是哲学意义上的“认识”，而非高压教育看中的三种“品质”，即道德意义上的“听话、安静、顺从”。

2 20世纪40年代，在亚伯拉罕·马斯洛的推动下，美国出现了人本主义心理学。之所以称之为人本主义，是因为马斯洛认为，正确地看待一个人可以引导人的自我发展。人本主义心理学最先发展出来的心理治疗流派之一是卡尔·罗杰斯（Carl Rogers）创立的，该流派认为“运用内在潜能”可以帮助有困难的人，而不是从外部寻求解决方案——“人类自身就拥有丰富的资源来理解自己，我们可以用建设性的方式来发展自己。”

用游戏吸引孩子；游戏就像一把万能钥匙，能打开所有门，包括锁得最严实的那些门。宝宝不喜欢吃食物泥吗？用一把卡车形状的勺子，里面装载着食物，把食物放在“仓库”里，再出去“载货”。孩子不愿意上床睡觉？来吧，爸爸或妈妈扮作火车头，在每一“站”都停车，等乘客上车，载着他们去刷牙、换上睡衣，然后就到了终点站：“所有乘客请下车……每位乘客请上自己的床！”您的小儿子不愿意去洗澡？小玩具、潜水镜，就足以让他洗完澡了……

但游戏的功能远不止于此，它拥有无尽的创造力和体验空间。“我来当公主，你来当女巫……”“我把水和土混在一起，加上鹅卵石和树枝做装饰，你看，一个漂亮的生日蛋糕！”游戏让我们假装在某个处境中，成为另一个虚构的或真实的人，给这个任务赋予各种“动力”，如品质、能力、技巧、身份、策略……而这些，都是参与游戏的人必须自己练习去思考、去说、去做、去感受的。通过与榜样人物对比，用模仿或想象毫无限制地再现一些经历，即便是虚构的经历都可以，但跟真实的情况一样，让孩子在过程中塑造个性。通过游戏，我们可以把内化的情绪排解出去，在不伤害他人的情况下卸下侵略性；我们笑，我们哭，我们创造奇迹，必要的时候创造完美大结局来减轻现实生活带来的重负……在游戏中，就像在梦境中一样，一切皆有可能，但没什么是危险的，因为所有的都是“假的”，而大脑却把这些过程当作“真的”来经历。所以，对孩子而言这就是学习的过程，却不需要太努力“用功”。词源学中，“用功”（travailler）意指被施以暴力、被勉强。

给老师的几句话

关于老师如何在工作中应用这第一把钥匙，我还想特别多说几句。我发现，当一个孩子不管在知识的学习，还是在跟人互动、遵守纪律方面无法达到学校的期待，学校的教育团队普遍的做法是一起分析孩子的情况，但最后往往很难解决问题。请放弃这种分析吧！因为这样做只会把孩子局限在某一种形象中，最终导致他走入死胡同。您的学生确实有东西要学，但他要学的东西不一定是您所以为的那些，一个孩子因为他的行为无法融入我们希望他所在的团体，我们就说他有“行为障碍”，其实他只是需要学习他还不明白的东西。我们下结论说他没有能力，或他很懒，或他就是寻求被人注意，或认为他的家庭该为此负全责[1]，这样做并不能帮助孩子

1 因为在学校发生的事就该学校负责，在学校以外发生的事就该家庭负责。这里我想证明，许多孩子在不同的环境下有明显不同的行为模式。

改变不合宜的行为。此外，不断提醒孩子他没有做到我们期待他做的事，我们愿意相信他一定“能做到”，这样也无法让孩子最终拥有做这件事的能力。因为孩子总是按照他已有的能力和获得的信息，在当时的环境条件下尽他所能做到最好。情景、榜样、尝试的经验——如果我们忽略这些关键的条件，我们就容易谴责孩子，给孩子造成长期的情绪伤害，影响孩子学习的进程。

我在这里特别向教师们[1]强调一点：孩子会自发地发展出一套提高自身认知能力的学习策略。大约有20%的学生[2]需要让身体动起来才能学习，比如说晃脚、动手、前后摇晃身体、走来走去甚至模仿一些行为[3]。我们看到一些孩子在桌子周围踱步来记住一首诗，跳来跳去地背乘法表等，通常就责备孩子这样的行为，轻一点儿的责备是“好动”，严重一些的称为“紧张”“不稳定”，最严重的则被认为是“过动（多动）”。试图“矫正”这些感受认知模式是错误的教育方法，一旦“矫正”了，孩子就失去了学习的有效性和这样学习感受到的舒适，他们的学校生活对整个家庭来说都是灾

1 但也是对家长说的，因为很多家长也非常重视孩子在学校的学习情况，总希望他们学业有成。

2 即五个孩子中有一个。因此这些不是例外的特殊现象。

3 孩子的大脑优先使用动觉感官（普遍与触摸、感受及肢体相关）这个通道来接收、分析、理解、记录在尝试中获得的信息内容。

难，他们的自尊受到伤害，他们静静地坐着，需要更多的时间才能记住学习内容，获得知识。更别提对老师来说这样的“矫正”让他们跟这些学生的关系很少是和谐的，老师本身也会感到不舒服，因为责备和限制本身就在破坏关系。

若我们接受这些孩子的感受认知模式、观察学习策略而不是否定他们，在不影响其他孩子的前提下给他们足够的空间动来动去，让他们融入团体而不是指责他们，便是让他们有机会按照自己的特殊性来学习，而不是把他们的特殊性当作令人遗憾的部分。要做到这一点，我们得先改变看待孩子的眼光，把他们的行为看作是自然反应，而不是行为障碍。就实际操作的层面而言，老师们可以在教室里留出一些空间，方便他们走来走去而不会影响同一组的其他学生，或者给他们提供可以站着学习或带有踏板的书桌。

另外一些孩子需要运用自己的听觉感官[1]才能完全理解学习内容。例如，他们会在听课的同时在桌角上画画，或让老师重复写已经写过的内容，这样他们自己才能抄写，这时老师如果回答说：“已经写在那里了，你只要读一下就可以了。”这样回复就没有回应他们的需求。

1 这些孩子的大脑优先使用听觉感官这个通道来接收、分析、理解、记录在尝试中获得的信息内容。

一般来说，每个孩子的潜意识都清楚地知道什么样的学习方式最适合自己[1]。跟他们潜意识已有的这种认知策略相违背，等于是跟他们的聪明才智抗争。这是无效的，也会适得其反。

1 有时，孩子会把这种认知“有意识化”，并试着在成年人面前捍卫自己的学习方式。成年人却不总是能接受他们的做法，因为成年人的经历让他们觉得自己比孩子更加清楚什么对孩子更好。

讨论

问：我的孩子今年十一岁。他取得不好的成绩时，我对他说："你得到这样的结果，我不高兴，下次你必须做得更好一些。"我这样说是希望他能够努力。

答：为了避免他再次让您难过？

问：是的。

答：这就有问题了。

问：可是这样做有效啊！

答：可能有效，但他这样做是为了让您高兴，害怕让您失望。

问：这样有什么错吗？

答：这样，当他下次为了别的理由，而不是为了让您高兴去努力的时候，他得重新学习如何找到让自己自主努力的动力。事实上，您的高兴或不高兴就寄生在孩子的个人满足感里面。这在短期内或许可以激励他，但远比不上完成学习本身给他带来的满足感。他完全可以为了自己而满足，这样的满足感更符合他将来的需求。

十一岁的孩子"让妈妈高兴"，或许还行得通，但到了十五岁，青少年会希望离开父母，从一切与父母相关的东西中剥离出去，甚至会暂时进行自我破坏以完成这个过程。

当孩子为了取悦我们而做一些事时，只要行得通，他也不算不幸；可一旦行不通，满足父母或老师这样的动力不足以激励他时，大人和孩子都会很苦恼。这时，我们就会进入暴力教养的误区：我们指责、惩罚、威胁孩子，让孩子感到害怕、内疚等，就因为“取悦父母”的激励方式失去了效果。很多父母跟我说：“我只能对着他大喊大叫，没有其他办法。我不喜欢这样，这样做完之后我自己也很愧疚，然后跟孩子道歉……”

问：这样说起来，有什么方法可以激励孩子考出好成绩呢？

答：一般来说，最好的动机就是愉悦。当然，是孩子自己的愉悦感，而不是让成年人感到高兴。就是孩子自己的愿望和愉悦[1]。

问：那我们可以跟他这样说吗——“当你获得好成绩时，你会感到自豪的”？

答：这仍然是个命令。这句话的意思是“我知道什么对你最

1 多亏了积极聆听的技巧，我们可以帮助孩子发现是什么让他们满足，什么能够让他充满动力、付出所需努力来回应学校的要求。我会在后文中继续讨论这个问题。

好”，而没有留下空间让孩子自己去发现真正让他高兴的事。好成绩是您的目标，对孩子来说只是为了得到您的称赞，好成绩远非“过上成功人生”“有一份好工作”“学到很多知识”的最佳方法。我经常听到五六岁的孩子口里说出这些话，然而“成功人生”并不是他们当下的重点，跟他们当下的生活没有任何实际联系……

要让孩子觉察到好成绩可以让自己愉快，也要让他们明白如何做才能达到效果，第一步我们就得闭嘴，什么都不要说，只要倾听他们、观察他们就够了。

问：什么都不说？

答：对，什么都不说！不要立刻瞄准好成绩[1]这个目标，好成绩不是目标，而是“有效教育”的结果。当然，要从传统的奖惩[2]制度过渡到“有效教育”，我们需要一个适应的过程，因为我们需要脱离必须、马上得到某个成果的急切心理。成绩在教育关系里是最有毒的元素之一。

对于那些从未真正学会自主学习的孩子来说，他好好学

1 直接把成绩设为目标会带来多重问题。首先，是引发惩罚/奖赏机制；其次，成绩并不能真实反映孩子的知识水平和他们对于学业的渴望程度，成绩反映的只是他们在条件合适的某天、回应老师的期待的能力；最后，根据好成绩、坏成绩，自然就分出了“好学生”“坏学生”。我会在第八章中再详细阐述这一点。

2 我强调一下，所谓“惩罚”不只意味着“你没有享受……的权利”，口头上说“对于你的成绩我非常不满意，我很不高兴”，也是一种惩罚。

习只是为了让家长满意，改变教育方式可能会导致一段“摇摆期”，就像我们把四轮车上两个用以稳定的小轮子拿掉一样。我们需要做好心理准备，不泄气地度过这段时间。您越充满信心，这个过渡期就会越短。

***

问：我的问题是关于婴儿的。您说在孩子很小的时候就应该满足他学习的需求，请问他们是在有意识地进行学习吗？

答：孩子越小，越需要进行尝试，这很有逻辑性，因为他们什么都不懂。所以他们从醒来到睡着，一切都是学习，他们所做的，除了学习没有别的。他们把东西放到嘴巴里，是为了学习；他们触碰电源插座，也是为了学习……这是一种需求，是一种吸引力。我不认为他们内心的独白是：“瞧，我要把手指放入电源插座，看看会带来什么后果。”他们可能会觉得：“哦，这好漂亮，我很喜欢，这是新事物呢……”当然，我们不会放任他们把手指放到电源插座里去体验触电，我们要保护他们远离一切危险。但我们不能因为自己害怕，就大声责骂他们或大声喊叫，也不能打他们的手。千万不要！

问：我们可以跟他们说“哎呀，哎呀”，让他们知道这很痛吗？

答：可以，我们可以模仿疼痛的反应，同时跟他们说：“不可以碰这个，这是禁止的。”但最重要的还是我们要用实际行动去阻止他们，比如说把他们抱走，远离有插座的环境。

问：这有用吗？

答：当然有用。您怎么能期待孩子不碰什么东西，却不用有效的实际行动让他们离开那里呢？您想问我的应该是：他们是否能明白以后不可以来这个危险的地方？就像所有的学习一样，我们需要不断重复，他们就懂了。“坚持不懈，直到成功”……要看是否有效，即孩子是否毫无怨言地接受这样的禁令，我们就得看看他之后面对失落感时会不会表达自己的不满，这样的表达对孩子和成年人[1]来说是健康的，我们甚至需要期待孩子有这样的反应，父母不应该不接受孩子的负面情绪[2]。

我还想补充最后一点：我提到父母应该鼓励孩子去尝试，允许他们犯错，我的意思不是说把孩子置于危险之中，并让他们去经历这些危险。有些父母有时较粗

1 这是情绪管理的必修课之一。

2 我们在第二章再解释原因。

暴……我们当然不会主动地让孩子受伤，刻意让他们经历痛苦，不是吗？在允许他们尝试的同时，必须得考虑安全因素。我们是根据孩子所处的阶段来衡量安全因素，而不是依照我们是否感到害怕、是否期待孩子进步，所以我们必须不断确保自己清楚地知道孩子的能力到了哪个阶段，并且陪伴着他们。这有点像体操运动里的防护：教练总是站在离运动员不远的地方，时刻准备着保护运动员。这样做无法防止运动员跌落，但可以让运动员在跌落时没那么疼。

***

问：如何设定孩子的自由尝试与社会基本约束之间的界线？我看到很多孩子非常开心、有活力、充满好奇心和创造力，但完全意识不到他人的界线，随意插入与他们无关的对话、吸引全场的注意力……作为家长，我在教育孩子去学习尊重他人的事上非常严格，有时甚至会让他们产生罪疚感。我觉得自己很难在孩子的舒适和遵守集体生活的规则之间画出合理的界线。有没有办法界定最合适的“中间点”呢？

答：您这些“孩子烦人”的表现，恰恰说明了您希望自己的孩子更尊重成年人的空间。我们现在可以试着从一个外来观察者的角度来看事情，也就是说这个观察者不置身于这个情况中，所以不会觉得尴尬，也不必非得给孩子表达自己的空间不可。想表现自己、吸引全场的注意力、打断别人讲话……这样的孩子实际上搞错了自己的位置，但我们要做的不是要求他表现合宜，而是应该给他一个更适合他的空间，别让他强占“成年人主场”。您应该已经注意到了，“侵入”成年人世界的孩子通常不太跟别的孩子在一起，他们参加成年人的派对，他们是父母话题的中心等。在这种情况下，与其命令、限制他们“离开这里”“听别人说话”，还不如改变他们的环境来得更有效，也就是说，提供一个更适合他们的环境，让他们离开目前不适合自己的地方。一个孩子强占别人的空间，就是试着获得他目前所没有的空间。为了回应他的需要，就得把他放在一个他自然会有空间的团体中，去遵守团体的规则——就是您提到的“中间点”。我认为，当孩子无法找到自己的位置而侵入“成年人空间”时，家长就剥夺他在群体里的舒适感，是错误的。我们需要做的恰恰相反，给孩子一个跟他年龄、需求相符的有利环境，是做父母的责任。

***

问：我想重新回到模仿这个主题，您说孩子将身边的成年人当作榜样，这样如何解释孩子有一些行为完全不是家长或身边亲人会做的？

答：首先，孩子不仅将成年人和身边的亲人当作榜样，也学习所有引起他们注意、可辨别的人物形象，不管媒介是什么。举个例子——学校里的小伙伴或动画片里的人物。最近，有一个家长来心理咨询室找我，说他的孩子中的两个——一个五岁的男孩和一个三岁的女孩频繁地打架，询问该如何解决这个问题。在交谈过程中，我们发现两个孩子经常是自己处于混乱中，没有成年人的监督，只有在发生冲突时，其中一个才会去叫成年人来帮忙。在讨论中，我也发现两个孩子的某些态度很典型，就问他们的父母，孩子们是否经常看电视。父母回答说，他们每天都看刻录在DVD上的卡通片。这就解释得通了：这两个孩子把自己代入汤姆和杰瑞的角色，小男孩演那只猫咪汤姆，小女孩演老鼠杰瑞。他们身边的人全都安静、沉稳，孩子们是以比他们父母更常出现的形象作为榜样。

我们得时刻记住：孩子自己不会发明出行为模式。他们偶尔会为了尝试而做出一些行为，但他们通过不断地向榜样看齐而形成自己的人格。榜样做的事情越符合孩子的渴望，即能给孩子带来满足感，榜样的力量就会越强大。这就是为什么我们得非常小心孩子所看到的、所听到的。

问：但动画片就是为了孩子而制作的，您的意思是我们不能放任孩子自己看儿童频道？

答：我正是这个意思！我甚至会推得更远：把电视当作照顾孩子的保姆，不陪在孩子的身边给他们提供另一些活动或娱乐方式，比如出去玩、玩玩具、画画、讨论……就是在教养上的疏忽。因为孩子们在电视机面前很“让人省心”，父母就以为他们很安全、有事情可做、内心满足。只是，孩子的潜意识无法区别想象和他们真实生活的经历，他们所看到的一切都被吸收、被接收为经验。而电视不间断地向孩子发送画面流，它们就会被储存在孩子的潜意识里，而这些信息的一部分会在睡眠中被潜意识处理掉——它们甚至降低孩子的睡眠质量，另一部分则在其他时候，在孩子从现实中逃遁而躲到游戏或想象中时被吸收。如果这些时刻占据了孩子大部分时间，孩子在日常生活中就不再有适合学习的空间。所以，电视给孩子的睡眠、社会化和学校生活带来伤害。

许多父母一想到“不能”给孩子看电视就害怕，所以我提出一个替代方案：我们可以用精心挑选过的一些故事片或连续剧来代替儿童频道不断出现的新故事和新画面流，在第一次播放这些故事片或连续剧时，我们跟孩子一起看，观察他的反应。每个孩子的敏感度都不同，所以得让孩子根据看过的这部剧表达可能有的情绪。然后，我们可以建议孩子多次观看，这样孩子仍然会有满足感，但他的注意力不会完全被电视吸引，大脑才有时间好好吸收信息。我们也可以在孩子手边放一些玩具或其他物品，让他可以稍微抽离一下，而不是其注意力完全被屏幕吸引。这样做可以让孩子不无聊[1]，也不会损害他的发展。最后需要强调的是，这个建议适合三到八岁的孩子。因为必须得等到孩子能够完整地描述出他所看到的东西，所以在孩子三岁之前，除了特殊情况，应该完全禁止看屏幕。八岁之后，我们不能再经常给孩子重复看一些故事片或连续剧，而是需要用更多的娱乐活动来限制孩子在屏幕前的时间，同时也给他更大的自主

1　无聊对孩子来说是很痛苦的，这就是为什么当他不思考、不说话，或不能做有趣的、带给他刺激的、令他身体和精神感到舒适的事时，他总是想方设法找事情做，以填补这个“空白”，或者会跟家长要食物。我特别强调：做“蠢事”的孩子常常是那些感到无聊的孩子。

些不可以。您也得接纳他们的反应，平和地处理而不发生冲突。我们再来看自行车的例子。妈妈不希望儿子骑自行车，是因为她害怕。这种恐惧是否合理？是的，或许合理，或许完全不合理，但无论如何，问题不在这里。孩子不会考虑是否合理，只有父母会考虑，这是角度问题。最重要的一点是千万不要用谎言欺骗孩子，不要掩盖现实。您若告诉他："汽车可能会撞倒你。"这不是真正的原因，真正的原因是您得对他的安全负责，而您决定了他在街上骑自行车是您不想看到的事。您衡量了利弊，认为这样做风险比益处多。他有权利反抗、不同意您的决定，如果您不是真的有道理，他的反抗可能会影响您的决定，但要知道，无论如何，沟通的目的都不应该是：在不给他表达失落感或发泄由此产生的情绪的前提下，让他同意、"理解"。正是那些情绪让他理解在自己身上发生的事。千万不要期待您的孩子在没有任何情绪的条件下接受一件限制、禁止或必须做的事，这绝不会发生。而这个主题正是第二章要谈到的问题。

2

情商
决定了我们的发展

我们不要忘了，

小情绪是我们生命的大船长，

我们总是在不知情的情况下服从它们。

——文森特·梵高（Vincent van Gogh）

感觉从不会撒谎。感觉就是指所有情绪，我们内心深处的一切感受，以及通过感官产生的生理感受。感觉是身体给我们的信息，告诉我们正在经历的是否让我们舒服——这里面的微妙差别可以有成千上万种，所以，情绪体验可以带来正面的学习或一些我们不想要的东西，后者会阻碍学习，甚至对学习进程是有害的。我们永远不可以反驳感觉，假设有人感到害怕并且表达了出来（直言“我害怕”），没有人可以否认他感受到的害怕，比如对他说：“不，你不害怕。”但如果这个人在同样的场景下说的是“这很危险”，那么他表达的是一种思想，而不是一个感觉，这时对方完全可以回答说：“不，这一点儿也不危险。”

接受情绪——最首要的一种学习

情绪让孩子了解自己所处的环境，并根据自身需要调整学习的步伐，因此，教育工作必须考虑到在日常生活的各种情境中会产生的情绪。我们需要教孩子了解、接纳、识别自己的情绪，引导他们使用情绪的正面能力，把情绪表达出来——这就是情绪存在的一个目的。孩子很小的时候就能感受到情绪，虽然他们并不理解那是什么，但他们感受到一些东西，觉得那很重要，而且非常强烈，因为这些东西会引起生理反应，包括笑、叫、哭、颤抖等，但他们还没有能力分析、解释，这意味着他们无法利用情绪去理解发生了什么，也无法意识到那就是情绪。如果负责照顾他们的成年人通过制止孩子的情绪表现来否认其情绪：不要哭、不要大叫等，通常只会让孩子内心产生更加激烈的情绪，推迟情绪的表达并提高表达强度。在情绪达成它的“任务”之前，我们无法让它销声匿迹。只要我们压抑它，孩子就不能了解在他心里到底发生了什么事，这样其实是在阻碍孩子成长。

情绪是人的自然反应，我们无法跟自然反应背道而行。我们最大极限能做的事就是让情绪闭嘴、压抑它、不让它表露出来。压抑情绪的结果是它储藏了起来，而并未消失。所以，延迟一个情绪的表达通常会因此衍生出其他更多的情绪，就好像我们为了避免打扫卫生而用地毯把灰尘盖住，就算藏得再好，灰尘也不会消失，只会停留在那里，越积越多……很多来向我咨询的成年病患都是因为童年时期没有很好学习过情绪的表达，以至于长大后有情绪管理的问题。我经常对他们说：情绪就像站在您门口敲门的人，它们知道您就在里面。您可以假装您不在，不给它们开门。只要您不开门，它们就一直等在门口，会不停地敲门，越敲声音越大。有时它们会不耐烦，当它们为数众多又不耐烦时，就有可能破门而入，这就是情绪崩溃了。由于我们太长时间一直把情绪拒之门外，当情绪累积得越来越多，情绪崩溃就会变成持续、无法控制的状态，这就是我们所说的抑郁症——我们的世纪病。根据世界卫生组织统计，在欧洲每年有1/4的成年人承受着抑郁症[1]或焦虑症的痛苦（抑郁症经常出现的一个症状就是焦虑）。成年人的幸福直接取决于其孩提时是否学会了如何管理情绪。因此，对我们的孩子来说，如果真的存在最重要的学习，那么一定就是情绪管理！

接受所有的情绪

虽然孩子情绪爆发的时候我们觉得孩子很痛苦，这些情绪也会在我们心里产生共鸣，但我们仍然有责任留在“有效

1 我们这里讨论的是所谓外源性抑郁症或反应性抑郁发作，即对于生活中诸事产生的情绪管理不善而导致的抑郁症。这些数据里包括了病情中等严重的抑郁症患者，他们或多或少都失去了一些生活能力——大约50%的严重抑郁症患者没有接受治疗。

教育者”的位置上，陪伴孩子经历整个情绪，父母需要在这种时候陪伴、教育他们。当孩子说了不合我们心意、让我们不高兴的话，例如孩子反对一个决定时抱怨、大哭，更小的孩子会捶胸顿足，此时他在表达一个负面情绪。我们不应专注于他所说的话，而应该注意孩子如此表达的背后所隐藏的情绪。我们需要陪伴孩子度过这个情绪。我们需要跟孩子谈论他的感受，而不是说明他的表达方式或他如此感受的原因。另外，最重要的是帮助他把情绪表达出来。

我观察到，一般父母或成年人总是倾向于安抚孩子，让孩子赶快回到中立的情绪状态，也就是说赶快让孩子安静下来，不再有情绪的反应。如果孩子在哭，我们说：“别哭了！”如果孩子生气，我们说：“不要大喊大叫！”我们跟他们解释说，不应该害怕，没这么严重等。这种态度非常有害。我们必须学习让孩子表达他们的情绪，帮助他们尽量用更有效的方式表达出来，就算这不是让我们自己高兴的做法。对一个哭闹的孩子，我们可以说：“你有权利哭泣，因为你有这个需要，如果你想的话，来吧，我抱着你哭……”然后孩子的情绪就过去了。一个被接纳、被陪伴的情绪，总是会过去的。

如果孩子因为伤心、生气或恐惧而哭泣，我们就可以命名这些情绪：“你哭是因为伤心，在这种情况下伤心很正常。”如果是因为害怕，就算事实上那并没什么危险，我们也可以说：“你有权利害怕……”害怕了就是害怕了，孩子完全有权利感受到他的情绪，因为这是自然反应，他无法抗拒。对于我们暂时无法改变或只有接受了才能改变的事，接受总是最有胜算的做法。我们可以对孩子说：“你很害怕，我以前也是很害怕这件事。”当然，前提是这是事实，因为我们不对孩子撒谎。或者我们也可以说：“所有人都害怕的东西：黑暗、第一次做某件事、摔倒……这很自然，既然你现在说出来了，它就一定会过去。”

我们不能把孩子留在与他所害怕的东西独处的环境中，他越早承认害怕的情绪，就能越快跨越这个情绪，并不断成长。请记住，表达出来的就不再停留在我们内心深处，所以表达出来永远比压抑好。

当情绪过于激烈、失控时

在我的工作坊中，首先，一些家长或老师经常跟我说，他们无法让孩子表达情绪，因为孩子的情绪过于激烈，他们大喊大叫、辱骂、打人等。我想提醒的第一点就是：一个孩子这样反应是学来的，他会这样做，是因为别人这样对待他。[1]

其次，我们应该知道，情绪失控总是有一个，甚至多个理由。比如，孩子的情绪被压抑得太久，他没有别的办法，只有用尽全力这样去表达，才能对抗他平常习惯的情绪压抑[2]。孩子需要经常向否认其情绪合理性或不够重视其情绪的成年人“证明”自己的情绪，这导致孩子有时情绪的表达在成年人看来过于夸张，或“他在演戏”。请您记住，每个行为都有一个意义和内涵。弗朗索瓦丝·多尔托（Françoise Dolto）曾说过，并不存在任性的孩子。[3]孩子如此反应总有一个“好”理由。就我个人而言，我从未遇到过你们口中所说的那样任性的孩子，这样的“任性”都是因为孩子合理的需求没有被满足。[4]

最后，一些孩子通过经验学到，他们的情绪能让成年人不再维持自己的权威，一旦他们表达情绪，就会得到自己想要的东西。我们在公共场合看到一些孩子大哭大闹就属于这种情况，他们大多数都是无意识地知道，只要哭，父母就会让步。要杜

---

1 请参考第一把钥匙：“我们会做的一切都是学来的。”

2 所谓压抑不一定是用强力不让孩子表达情绪，给孩子一颗糖果使其停止哭泣，也是在压抑孩子的情绪。

3 在1976年10月至1978年10月期间，弗朗索瓦丝·多尔托曾在法国国际电台雅克·普拉德尔（Jacques Pradel）主持的《当孩子出现时》节目中明确表达过这个观点。

4 这个问题将在第四把钥匙“每个要求背后都有一个需求”中详细讲解。

绝这种情况，家长就得忍受可能的“观众”——陌生人或熟人的眼光，接受自己成为让别人好奇甚至指责的对象，坚定地不让步，直到孩子通过经验学到在地上打滚哭闹是没有用的，这不会改变成年人已经做出的决定。我们可以跟孩子说：“你觉得生气、失望，你有权利表达这些情绪，但我不接受你因此伤害自己或伤害我。”说的同时，为了帮助孩子，我们可以轻轻地抱住他，“不管怎么样，就算我接受你的情绪，我的决定也是不会改变的”。当然，示例中的这种处理方式，只限于孩子的情绪起因是失望，而不是因为孩子合理的需求没有被满足引起的情绪状态。学习接受失望的情绪，必须发生在孩子的次要需求没有被满足的情况下，而不是孩子的基本需求不被满足的情况下。我们将进一步讨论如何区分这两者。

理解孩子的情绪机制

认知科学普遍认为存在初级情绪，那是神经的自然反应；此外还有次级情绪，是由认知建构产生的。“有效教育”关于情绪的理论来自保罗·埃克曼（Paul Ekman）的启发，他认为基本情绪，即所谓“初级”情绪有五种：恐惧、愤怒、悲伤、厌恶和喜悦。有些研究人员还会加入惊讶和羞愧。这些情绪，大多被人称为“负面情绪”，因为它们要表达的是没有被满足的需求，而且/或者它们阻碍人们体会到舒适。这些情绪中，只有一种被定义为初级的正面情绪，就是喜悦。

这些基本情绪就像原色一样，可以彼此混合，也可以由细微的差别带出无限的不同，组成所谓“次要情绪”，后者与一些思想结合在一起，就产生了所谓感情，比如怀旧、嫉妒、负疚等。

不管我们用什么名词来定义这些情绪，最重要的是要知道组成感觉的一切非常诚实、可靠，我称之为“细胞智能”，正是这些指示让我们知道什么对自己好或不好。相对，当我们在面对其他人（包括孩子）时，我们的分析总是夹杂着由自己的经验和信念过滤后的诠释。这就是为什么学习用最真实、最贴切的方式表达自己的感受是如此重要，因为没有人可以代替我们做这件事，即便有时第三者能帮助我们用语言说出来，这个第三者可能是关系咨询中的专业人士或带着学习出了问题的孩子来咨询的父母亲。

一般来说，不管引起孩子的情绪的原因是什么，也不管在情绪爆发之后（双方都冷静了之后）是否存在谈话、商讨，只要您教孩子识别自己的情绪并表达出来，聆听情绪、陪伴孩子跨越情绪，那么您就走在了“有效教育”的路上。

如何鼓励情绪的表达

在接受了情绪，并且命名、描述、承认了情绪之后，就该是鼓励情绪表达的时候了。请避免问出孩子无法回答的陷阱式问题：“为什么？”因为处在情绪激烈状态的孩子无法驾驭这种分析式的问题，通常他们会回答“我不知道”或把引发情绪的事件描述一遍，而这无法让他们从中学习。

好的问题是“什么”，例如：“你心里感受到什么？你的身体有什么反应：这让你肚子疼，还是说不出话来？眼睛刺痛？牙齿发颤？……”还有更进一步关于“什么”的问题：“我们可以做些什么让你心情平复下来，让情绪过去呢？你想我们一起出去走走吗？你想我抱抱你吗？你想哭吗？”当然，如果情绪是由于被拒绝的失落感引起的，我们不能改口重新答应已经拒绝的事，但我们可以说明哪些部分还有商量的余地，哪些部分就是明确不可以，让孩子明白哪些可以改变[1]，而他最好接受那些改变不了的部分。

1　比如有些部分可以延迟执行。

一旦情绪过去了，也就是说情绪被允许、被表达出来之后，我们就需要重新关上那扇让情绪进来、出去的门：我们把孩子从他害怕的环境中抽离出来，不再讨论让他生气的某件事，免得再次激怒他，等等；悲伤这个情绪除外，因为它的处理方式有点特别，我们稍后再谈。这样，这个情绪就不会再回来了。只有这样，孩子才能学会与情绪共处。虽然一开始导致情绪的情境各不相同，学习的方式也各种各样，但目的都是一样的：帮助孩子超越负面情绪，并习得更多能力。

从尝试到学习

人类进行尝试的模式和过程如下：首先是事件的发生，我们也称为刺激；其次是感官知觉的介入，我看到了什么，听到了什么，闻到了什么；然后产生情绪，我内心产生了什么波澜，我的感受是什么；接下来是反应，我怎么想，怎么说，怎么做；最后就是学习，这个事件在我的意识和潜意识中留下了什么。

为了让这个学习过程更具建设性，即这个学习最后导向的是正面的发展，我们就需要一开始将对事件的情绪反应表达出来。情绪存在的使命是为了让情绪“过去”，即情绪有一个开始、一段经历的过程，还有结束。如果“情绪过去”

受到了阻碍，我们虽然经历了整个事件，却不会从中真正成长，因为困住的情绪占据了所有的“心灵空间”。

您一定注意过在某些情况下，您的情绪是如此强烈，以至于无法思考、说话或采取任何行动，您曾经知道的一切似乎全都消失了。要对此进行简单解释，我们首先得记住：情绪是一种自然反应，它的存在是为了让我们行动起来。我们前文提到，情绪就像一个来敲门的信使，一直等到开门、留下信息、拿到回执之后才会离开。这个过程中只要一步没有到位，情绪就会留在原处，直到每个步骤都被一丝不苟地执行。在一个或多个事件发生之后，当多种情绪累积在一起，我们却没有及时排解它们，它们就会占据许多内在空间，引发拥堵状态，让人失去学习的能力，直到情绪被表达出来为止[1]。孩子的需求甚至更大，他们的情绪不只需要被表达出来，还需要被成年人听见、接纳，而成年人有责任让排解情绪的过程顺利进行。

在“有效教育”中，关于感受，我们需要理解的主要包含三种基本情绪——恐惧、愤怒和悲伤。在我看来，这三者是从小学习情绪管理的“基石”。现在，我要花一些时

1　您现在可以想象情绪对孩子们产生多大的影响了，包括对孩子的认知能力和学习成绩等。

间让您好好了解它们，以便您在孩子的情绪学习过程中陪伴他们。

恐惧——需要被驯化的朋友

人还是婴儿时，恐惧就是引起最多反应的一种情绪。婴儿害怕噪音、跌倒、陌生人的脸孔和出其不意的事。当他们被要求吃一些自己不喜欢或不熟悉的东西时，他们会害怕。每次尝试，他们都学着“驯服”新事物，而只要我们能够接受恐惧这个情绪，孩子就能改变。

我们不会为了让孩子明白某些处境没有危险，而故意让他们处在那样的环境中感受恐惧；同样，在孩子受了刺激而恐惧的当下，跟他们讲道理也是没有用的，因为在那样的状态下，他们什么都听不进去。通常，对于小月龄婴儿来说，恐惧和实际是否危险完全没关系，我们说的具有实际危险的情况是指婴儿把手指放入滚烫的烤箱里、伸进电源插座等，在这些情况下，他们不会害怕。可当关门声过大或露西阿姨没有预先告知就亲了他们时，他们则会大哭起来。

不是说没有危险，就不应该害怕；成年人判定情况不危险，而执意让孩子留在让他害怕的处境中，这是令他不能接受的。如果孩子害怕了，我们就要立刻把孩子带离那个让他害怕的环境，直到他不再恐惧为止；然后为了让孩子理解当下的状况，我们需要跟他讲述刚才发生了什么事。例如我们可以跟他说："你害怕这位女士，因为你不认识她，她亲你把你吓到了。我们被吓到的时候都会害怕，这很正常，过一会儿你就不害怕了……"千万不要为孩子的恐惧而担心，如果我们因此而担心，孩子就会更加害怕。如果我们觉得这让露西阿姨很尴尬，就把这种情绪（羞耻感）留在心里。我们的感受跟孩子无关，作为成年人，我们需要自己来处理，而不是发泄给孩子（我们很可能说出类似的话："露西阿姨亲你的时候，哭真不友好。"），也不应该把我们的不高兴表露出来。

孩子的恐惧画出了一条界线，只要陪伴孩子跨越这个情绪而不是压抑之，孩子就能学习跨越在这个环境限制下暂时画下的这条界线。孩子年龄越大，恐惧越是建立在已有的经验之上，即他根据过去的经历来感受自己是否害怕。一些想法也可以引起恐惧，当一个孩子说他害怕怪物，您跟他说世上并没有怪物，这没什么用，因为他很清楚没有怪物！可是这些想法，通常由有意识或无意识地想起过去的某个经历引起：一本书、一个故事、一个游戏或一部电影……这些都会引起感官刺激，带来生理反应，如呼吸加速、心跳加快、全身发抖、肠痉挛等，这样的恐惧有时比真正遇到危险情况所感受到的恐惧更加强烈。

如果引起恐惧的思想被压制，您对孩子说"根本没有怪物，实在没理由害怕"，或嘲笑孩子的这些想法，就有可能引起孩子的焦虑，这种焦虑状态会一直持续下去，尽管实际上没发生什么让人焦虑的事。当我们感到恐惧，却抑制了情绪的反应，会引起潜在的不安全感，这样的不安全感在孩子身上表现出来的症状通常是人自然的生理需求，如进食、睡眠紊乱等，此外还会影响认知功能，如记忆力、注意力或理解能力。这就是为什么在进行学校或职场辅导咨询时，不管咨询对象的年龄多大，我总是会从评估焦虑程度开始；孩子注意力或专注力的问题，极少是由神经调节功能障碍（即注意力缺陷障碍，ADD[1]）引起的，现下这个"诊断"非常流行，家长、老师、朋友、互联网……都很喜欢下这样的诊断。就我这十多年以来的观察，很多人都被诊断为注意力缺陷障碍，但大部分来找我咨询的"注意力缺陷障碍患者"的问

1 真正患有注意力缺陷障碍（无论是否同时患有多动症）的儿童非常少，他们一般都是有专注力、注意力和记忆上的问题。有些媒体报道，5%的儿童有注意力缺陷障碍/多动症。这个数据简直荒谬极了！没有任何数据统计可以证明这个数据的可靠性。相反，《健康经济学报》（*Journal of Health Economics*）于2010年发表的一篇文章指出，某项在美国进行的研究表明，接近一百万的三至六岁美国儿童被误诊为注意力缺陷障碍/多动症，那么他们接受的精神药物治疗处方当然也是错误的。

题，在我看来都是因为情绪阻塞没有处理好而导致的。[1]

我们可以认为恐惧和焦虑是同一种情绪的两种不同的表达方式，而恐慌则是焦虑的一种阵发性症状，它是内心的惊恐状态，一种迫在眉睫的危险感受，实际上却未真的发生什么事件来合理解释这样的强度。恐慌发作的时候还伴有身体不适和交感神经的失控——交感神经控制着身体大部分无意识的活动，如心跳、消化、平滑肌收缩等，最终可能导致迷走神经不适（昏厥）、痉挛、呕吐……

不管恐惧以什么形式出现，当儿童出现情绪阻塞的情况时，恐惧通常是占主导地位的情绪。孩子表面表现出来的愤怒，实际上经常是被压抑的恐惧，因为压抑过深，心理只能依靠更强烈的情绪来打开出口而得以通行。

愤怒，需要被控制的力量

如果说孩子的恐惧让父母无所适从，那么他们的愤怒经常让父母害怕。这恰恰是愤怒这个情绪最初始的功能——让愤怒的接受者害怕。

---

1 注意力缺陷障碍/多动症当然存在，我的意图不是否定它，恰恰相反，为了让这些患者更有效地接受治疗，就有必要消除“假阳性患者”，因为病理性的比起由外因（环境或反应性的）引起的注意力、专注力和记忆力缺陷，相对来说是非常少的，把两者混为一谈会让人对病理性的注意力缺陷障碍/多动症习以为常。此外需要强调的是，对由于情绪阻塞导致行为障碍的孩子进行化学性的药物治疗是一种虐待。

“原始”愤怒

我们把愤怒分为两种类型，一种我们称为“原始”愤怒，这是作为初级情绪的愤怒，也是最常见的，是由于人在一个或多个事件中其需要没有被满足而引起的。在孩子身上，通常是失落感，还有被贬低、嫉妒或其他一些感觉，让他们对一些刺激特别敏感，由此产生愤怒，并爆发出来，甚至反复出现。孩子也有可能出现赌气不说话的情况，因为他周围的人用这种方式对待他，他就以成年人或其他孩子为榜样；又或者因为在他身边其他的表达方式是被禁止的。赌气容易引起情绪阻塞，所以不是表达愤怒的好方法。

我们极少能够冷静地表达“原始”愤怒。大部分时候，它表达出来时都带着强度：喊叫、哭泣、跺脚，还有其他咄咄逼人的表现。我们必须引导它爆发出来，而不是遏制它，我们需要教孩子识别并命名这个情绪，在不威胁人身安全和尊重他人的前提下，不带着暴力地表达出来。例如，我们可以跟孩子说：“因为我跟你说了‘不’，你很生气，这很正常，换作是我，有人拒绝我，我也会生气，你有表达生气的权利。你可以说出来，甚至可以尖叫，但不可以对着我的耳朵喊叫，去你自己的房间对着枕头发泄出来，[1]但你没有权利为了伤害我而对着我发泄，不能对我尖叫，也不能辱骂我、打我……”

如果孩子常看到身边的成年人表达愤怒的同时仍尊重他人，他学习管理这个情绪就会容易得多。如果父母本身都无法不带着暴力表达愤怒，这很可能需要进行家庭咨询，因为我们不可能要求孩子做到他不曾看到过的榜样的事。[2]要让孩子学会表达愤怒、跨越愤怒，最重要的一点就是承认孩子的感受是合理的。我们必须能够对孩子说：“我知道我所说的或所做的无法让你满意，我很抱歉，我本意并非如此，但你有权利感到不满并表达你的愤怒。”注意：只有向孩子表达了“以上的态度利于愤怒的表达”之后，才能对孩子说，要等到愤怒过去再接着讨论这个问题或做别的事情。

在此，我强调不应该让孩子把愤怒简化为暴力。愤怒是一种强烈的情绪，会激发内心深处最强的力量，让人积蓄能量准备去改变事件对自身的影响。而暴力则恰恰相反，暴力无法改变自己的无力感以及由此引起的面对环境的无

1　我建议那些难以让孩子表达愤怒的家长可以用特定的方式引导孩子发泄情绪，比如说在橱柜里放一个方便拿到的“愤怒毯”，在这个毯子上孩子没有任何限制，可以说出他所有的想法。一旦他表达完愤怒之后，家长就可以把毯子拿到窗外或门口抖一抖，再放回橱柜。

2　请参考第一把钥匙：“我们会做的一切都是学来的。”

力感。暴力不仅限于肢体暴力，言语暴力对孩子也非常有伤害性。辱骂、诋毁、指责、折磨、惩罚都属于暴力行为，不管孩子是亲身遭受这些暴力，还是看到别人使用这些暴力，都可能因此受到伤害。就算他自己是这些暴力的参与者，他首先也是个受害者，孩子的暴力行为与他所经历的暴力是分不开的。

过多负面情绪累积导致的愤怒

第二种类型的愤怒由过去的经历在潜意识中累积太多负面情绪而产生。例如孩子没有及时处理的恐惧，尤其是他将被评断、让人失望、被嘲笑等恐惧感与羞耻感联系在一起的时候，更会引起愤怒。一般来说，所有累积的情绪都能引起愤怒。这就是为什么当一个孩子生气而没有明显的理由时，我们应该去探寻其以前压抑的情绪对现在产生了什么影响，以至于情绪的发作如此强烈。

不管愤怒的起源是什么，最重要的还是能够让孩子表达出来，以免家长或孩子最终用暴力来表达；好好理解愤怒，不管对家长还是对孩子来说都是非常必要的。我们不能混淆“管理自己的愤怒”和“忍住不发怒”，忍住愤怒会引起下巴、拳头、腹部等身体部位的肌肉紧缩和疼痛。这些生理反应让主体释放压力，如果主体无法释放压力，就可能因为需要忍住压力而极度疲倦。如果主体习惯于忍住愤怒，甚至到了自己完全无任何感觉的地步，那么身体可能会采取躯体化（即生理性的疾病由心理障碍引起）的形式传达信息。最后，我们需要知道，若经常粗暴地压抑孩子的愤怒，愤怒就会转化为悲伤。

悲伤，安静的情绪

悲伤对孩子来说是一种必不可少的情绪，然而成年人通常很难接受孩子的悲伤。孩子在婴儿时期经历与母亲的分离时就开始感受到悲伤了，孩子需要觉得伤心才能理解什么是分离。我所说的不是婴儿离开母亲时的分离焦虑症，也不是因此而哭闹的情况——哭声表达的并不一定是悲伤，而是在母亲离开后，孩子面对自己的个体性和孤独感的经验。不接受悲伤，就难以被安慰。因此，成年人应该接受孩子的悲伤[1]，正如接受他们的其他情绪一样，就算悲伤看起来让人担忧、非人所愿。我们更常希望限制悲伤的表达。

悲伤是一种沉默的情绪。它很容易悄无声息地潜入我们

1 我想特别提醒托儿所的看护和幼儿园的老师：不应该让孩子承受各种形式的情绪暴力，例如孩子的妈妈刚转身离开，就对孩子说："你已经不是小婴儿了，只有婴儿才哭哭啼啼"或"看看其他孩子，他们怎么都不哭"……

的内心，因为通常伴随它而来的是另一个“打开门”的情绪。一旦它成功潜入，就比其他情绪都更长地停留在心里，引起的波动更加沉重，而内心需要处理的是一场更需要耐心的长跑。它首先通过自我孤立的方式出现在内心，所以我们常常会忽略孩子的悲伤。这是情绪发展非常微妙的一个阶段，成年人最好也应在尊重他们需要感受悲伤的前提下陪伴孩子。我前面提过，榜样可以帮助孩子学习得更好，如果一个成年人不掩饰自己的悲伤，孩子就更容易辨识出自己的悲伤，也更易懂得如何与之相处。

父母悲伤的时候，在孩子面前不表现出高兴的样子是最有效的教育。一般我们认为隐藏自己的悲伤是对孩子最好的保护，事实却恰恰相反。当然，我们不应该告诉孩子我们悲伤的内容是什么，以免把悲伤的情绪传递给他。但我们可以跟孩子说：“我需要伤心一会儿，你看，我需要哭一下，现在让我一个人待一会儿，让伤心过去，然后就好了。”[1]如果这个让我们悲伤的事件可能会长久地影响生活，比如生离死别或父母离异、搬家、换工作等，孩子没有被告知情况，我们也没说出自己的难过，但他们仍会在不知不觉中感受到成

1 如果孩子询问我们悲伤的理由，由于事情与孩子无关，我们想保护孩子，可以跟他说：“这事儿跟你没什么关系，所以告诉你没好处。但你要知道，如果是跟你有关的事情，我一定会跟你说的。”

年人的悲伤。如果成年人试着隐藏悲伤，对于孩子来说，就更加没有表达难过的空间了；反之，成年人跟孩子说出自己的悲伤，是在教孩子如何在生活中不惧怕去面对自我。

我们所处的社会环境不允许自我孤立，也不鼓励用一段时间去消化痛苦，所以我们需要在必要的时候强迫自己有伤心的时间。我们有责任给孩子创造一个可以消化情绪的空间、留出等待悲伤过去所需要的时间，它让我们为改变、缺失、生命、死亡暂停下来。

前文提到，愤怒给我们改变自己、面对环境的力量。悲伤则相反，它会阻止我们采取行动，让我们接受那些无法改变的事。这是孩子学习情绪最关键的一点：孩子悲伤，是因为他正在经历令人痛苦的一个处境，准备重新站立起来。伴随着悲伤而来的，是孩子与存在相关的所有觉醒，尤其是他意识到身边的亲人总有一天会离开这个世界，他自己也会死亡。一旦他感受到悲伤，并将其表达出来，我们就可以看到他的存在焦虑消失了，取而代之的是接受。当然，这个过程不是一蹴而就的，跨越内在的悲伤是一个漫长的过程，人们在这一过程中需要直面存在的问题。如果不给孩子经历悲伤的时间，或匆匆忙忙结束这个过程，忧郁就可能长久地留在心里，进而影响到主体的性格。

在我的咨询室里，一些孩子说他们“喜欢悲伤”。实际上，他们喜欢的是表达悲伤，喜欢体验用眼泪驱散心里的难过。为了达到这样的效果，他们自己构想出一些失去亲人的故事，这也是这些书籍——《苏菲的烦恼》（*Malheurs de Sophie*）、《简·爱》（*Jane Eyre*）或《苦儿流浪记》（*Sans Famille*）这么受欢迎的原因。父母不必因为孩子的这些行为感到困扰，这是一个正常、健康的现象，这仅仅表示孩子们能够利用游戏把真实的情绪排解出去。

这些所谓“负面”的情绪远非如此令人厌弃。从教育的角度来看，孩子的情绪表达有时很激烈，也会因负面情绪而痛苦，但通过观察我们知道，它们不仅对孩子是有用的，还可以让家长去理解孩子的世界发生了什么，去发现情绪背后的需求是什么。

在本章中，需要记住的重点是：一方面，学习情绪表达可以让孩子学会与周边的环境相处，为自己的幸福而采取行动；另一方面，从教育的角度来看，我们需要给情绪留出更多的空间，而不是分析和评判它们。因此，无论遇到什么情况，我们第一时间不应该是问“为什么”，而是应该问“发生了什么”。因为“为什么”带出来的是解释，而不是关于事件的描述。

讨论

问：您说如果成年人知道如何表达自己的情绪，对孩子来说会更容易学习如何表达。我有个与我个人相关的问题，我是否应该在孩子面前隐藏因他们而起的情绪？例如我为他们的成绩感到失望或他们彼此争吵时我很难过，但我不想他们因我伤心或失望而心生内疚，于是选择不表达我自己的情绪。这样做好不好？

答：首先，在教养孩子的事上，没有好或不好。因为这不是一个道德判断，只有有效或无效之分。您做的这些能达到您预期的效果吗？您的动机很正面——保护孩子，不让他们为您的情绪负责，这种态度很成熟也很健康。感谢您提出的问题，其中涉及亲子关系中很关键的一点：就算孩子引起成年人的情绪波动，那也不是孩子的责任。此外，孩子也不应该为教养本身及其结果是否有效负责。

孩子仅根据发生的事件做出反应。如果他们的反应跟您所预期的不一样，需要检讨的是方法，而不是假设孩子没有用心，所以表现得不好，并因此责备孩子。当然，当孩子没有符合父母期待时，我们有可能会感到伤心、生气或失望，这些反应很自然，我们不应该隐藏起来，我们可以小心地用“我”做主词来表达，避免针对孩子的任何言论。我们可以说：“我很生气，我叫你做作业，可是我发现你并没有做。生气是我的情绪，所以我需要时间让情绪过去；现在，你先跟爸爸去把作业做了，或者你也可以等我不生气、平静了之后再跟我一起做。”等我们的情绪平静了之后，我们需要找出在互动关系里到底哪里出了问题，到底孩子为什么不做作业，从中学习，以便下次更有效地陪伴孩子做作业。

如果我们对孩子说：“你真让我生气，你没听我的话，你完全不在乎我跟你说什么……”我们把自己对情绪应负的责任推给了孩子。我们对情况进行了诠释，而这些话很可能一语成谶，成为扎根在孩子潜意识中的一种指令，而且，这样做不会有任何收效。最重要的是，如果我们跟孩子抱怨情绪造成的痛苦：“我受够了你的行为，我很绝望，我不知道该做什么让你听话……”我们就是把自己摆在了孩子的位置上，我们不再是父母。为了让我们成为有效的教育者，孩子应该采取行动！

可是我们自己不对孩子的教育负责，孩子怎么可能为教育的结果负责呢？所以最好还是保护孩子远离这样的情况。

再重新回到您想问的：隐藏情绪是否能有效地保护孩子呢？回答这个问题之前，我们应该问另一个问题：我们是否有可能隐藏情绪，以便有效地保护孩子？答案是不可能的。您不可能隐藏情绪，您能做的就是压抑情绪，但这会给孩子更加深刻的印象，因为尽管他们无法理解，但他们的内心是可以感受到您的情绪的。您一旦进入与孩子的互动并感受到某些情绪时，最好的方法是尽可能不要投射到孩子身上，而是告诉他发生了什么事。要小心，您说的是您的感受，而不是您的想法。如果您改变了对自己或他人的情绪的看法，您就可以满怀善意地接受它们，而不再需要有任何理由隐藏它们了。但在与他人分享情绪这件事上还是要小心，如果情况跟孩子无关，孩子也没有参与引起您情绪的事件（例如我们在外面经历了让人痛苦的事，看了一部凄美的电影，遇到了一场意外或跟配偶吵架了等），就不适合告诉孩子是什么让我们高兴不起来。在这些情况下，我们可以跟孩子说："我现在心情不是很好，我需要安静一下……"直到情绪过去，我们再回应孩子的一些需求。如果父母需要帮助（找人倾诉或希望有人倾听自己的心声）才能让情绪过去，也应该找另一个成年人（如果必要的话，可以找一位专业人士），而不是找孩子。

***

问：我的情况正相反。如果孩子一直谴责父母造成了他的负面情绪，父母该如何面对这种情况？比如说，我儿子总是说我让他失望，我听完非常内疚。

答：您可以讲得再详细一些吗？

问：我工作完回到家，我七岁的儿子经常要我跟他一起玩。我跟他说我太累了，需要休息一下，现在没办法跟他玩。他会说"你总是很累！"，话语中带着谴责的口气，然后就满脸不高兴。我很内疚，就对他发火。

答：从您的描述中，我发现了教育方式中的几个无效元素。首先，您对孩子撒谎了，您说太累了没办法跟他一起玩，这不是真的。您用疲倦、"没办法"合理化您不想跟他一起玩，试图让他接受这一点。您期待他"明白"

您累了，试着不让他感到失望。其实您可以跟他玩，但您不想，因为您更想别的事：您虽然很累，但可以整理买回来的东西、打电话、做饭、让他做作业。您自己选择了优先次序，这是一个选择，而不是能不能的问题。孩子不可能毫无情绪地接受失望，感受到伴随着失望而来的所有情绪，对他是有好处的。这也没有错，因为他无法避免这些情绪。其实，他表达失落感的方式直接取决于您给他怎样的理由，他接受您的解释，而且感到可惜："你总是很累，这不公平，也不好玩，真令人难过……"他表达的是自己的感受，而不是指责您，他认为这是无法跟妈妈一起玩的原因，而且这是您告诉他的，不是吗？

其次，您感到愧疚、生气，不是因为他让您产生如此的感受，您的情绪责任不在于他。此外，他完全没有指责您，他陈述事实，同时也表达他的感受：您工作完回家总是很累，这妨碍您跟他一起玩。那么，如何改变这种状况呢？我们要知道，孩子的每一个要求所表达的都是一个需求，这一点在后面的章节中详细再谈。[1]就算您

1 请参考第四把钥匙："每个要求背后都有一个需求"。

不想回应他的要求，您也可以试着回应在这个要求后面真正的需求。您的儿子要跟您一起玩，可能是因为他需要跟您互动，而他一看到您，马上能想到的互动方式就是跟您一起玩。您可以建议他用别的方式代替玩，比如读一本书、彼此拥抱、讲述一天的生活、去厨房跟您一起整理买回来的东西……如果他要的就是跟您一起玩，您可以延迟回应这个要求，几分钟之后、等一下或第二天……不管怎么样，如果他感到失望，这是他的权利，这样说可能比较有效果："你不高兴，我很理解，你可以表达出来，我非常抱歉无法回应你的要求，但我也提出了别的建议。如果这些都不能让你满意，你就得承受失望。这种感觉会过去的，然后我们再来看你是不是想做那些我建议的事……"商量的结果必须是双赢的。您需要时刻记得：每个要求背后都有一个需求，需求越大，没被满足时的失落感就越大。

最后，作为对您所提的问题的总结，我要说明的是：每个没被解决的问题都会一直重复，直到被解决为止。如果您提到的这个问题经常、反复出现，每一次您的孩子表达负面情绪时，您都认为那是对您的指责，那么我们必须在您身上找解决方案。我认为您可以拒绝一个要求而不需要解释，您直接跟您的儿子说：“不，我现在不想玩。”如果他抱怨，您可以这么想：“我有权利，我不是非得回应他这样的要求不可。但是，满足这个要求所表达的真正的需求，则是我的责任。”只要您跟他站在一起，也就是说您对他保有同理心，您就无须感到愧疚，也没必要冲他发火。

***

问：我的女儿十一岁了，她一点儿也不努力：她不做作业、不整理房间、不洗澡、不刷牙……她把自己想成千金大小姐，总需要被人服侍，我们尽全力满足她，但她还是很不满意。我们叫她做事，她心不甘情不愿，还总是抱怨。她一直坐在电视机前面，我们跟她强调这样无法给她美好的将来。现在她长大了，总是躲在自己的房间里，不想听我们说话。如果我坚持多说几句，她就大发脾气，最后哭得很伤心。等她心情平静了之后，还会跟我们赌气，我们也没办法继续讨论这件事。这样的情况一直循环出现。

答：在处理情绪方面的问题之前，我想强调一下，您对您女儿的评价“把自己想成千金大小姐”，她之所以会这么想，完全是根据她获得的信息，即她身边的人——您本人、家人、学校、同学，还有电视内容等给她这样的感觉。

至于您说的“她不喜欢做作业、整理、刷牙……”，问题不在于让她喜欢做这些事。您喜欢扫地、洗衣服、换尿布吗？当然不喜欢，没有人会要求您喜欢做这些事。那您为什么会期待您的女儿喜欢这些限制她的事呢？首先允许她不喜欢做这些事，然后跟她说：“你有权利不喜欢做这些事，但你还是需要做，所以，我陪你一起做，当作你做的。”

要孩子学会自发地去做某件事，我们得先跟他一起做，直到他可以独立完成为止。每次您发现她的房间没有整理，按照过去的经历，画面都是这样的：您责备或惩罚她，同时又由自己或叫家里的保姆收拾，或者大声喊叫强迫她去做，她一边哭一边收拾。您的孩子学到的就是不收拾房间，就要接受责备或威胁，也就是说在情感受阻的状态下做一些事，那么她对这件事的体验是非常痛苦的；可实际上如果加上些趣味性，这可以是非常舒适的体验。可是在她的经验中，没有一项信息让她学会整理房间：整理的技巧、可以学习的榜样等，都没有。想一下，您给孩子做榜样了吗？您自己不做的事，却要求孩子做，这是不合适的。

关于教育方式，我们可以让孩子选择做事的方法，却不一定是让他们做决定："我希望你学会整理房间，这是必须的。你选择自己做，还是跟我一起做？你想现在收拾还是一个小时后收拾？对我来说都一样，但就算你不喜欢，也必须得整理。我们可以一边整理一边听音乐或者一边唱歌……"就算我们不喜欢做一件事，还是有千万种方式让事情变得有趣一些。想一想给孩子换尿布这件事……

错误的做法就是：如果孩子不喜欢做别人要求的事，我们就断定他不顺从权威，或他完全不在意我们等，此外还有不接受孩子的负面情绪。这双重的限制会让孩子觉得个人领域被侵犯。孩子越大，这样的做法越容易引起冲突。

我们再来看您提到的另一个主题。您说："她一直坐在电视机前面。"很多家长抱怨孩子"总是在看电视”。这句话本身就是夸张的说法，在看电视之外，他们还去学校、做作业、做家务、吃饭、睡觉等。这样的表达更准确一些：“他们不做其他事情的时候都在看电视。”我们所使用的字眼非常重要，当您夸张或戏剧化地描述事件时，您就不可能保持客观。在我的咨询室，孩子们常常对家长说：“这不是真的，你夸大了，不是‘时时刻刻’‘一直’‘从不’……”说回电视，父母担心孩子“不停”地看电视，我则对他们说：“孩子坐在电视机前面，是因为您允许他们这样做，电视机就在那里。如果孩子对您说‘我渴了，我想喝威士忌’，您会把一杯酒放在他们拿得到的地方随便他们喝吗？当然不会！但您会拿出别的饮料，不让他们一直口渴。”

父母经常在孩子小的时候让他们看电视，这样他们就能安静坐着，可电视可能会破坏孩子的创造力和自主性，最重要的是不利于孩子吸收氧气——大脑好好运转所必需的元素。在电视机前坐一个小时的孩子需要再用一个小时放空大脑而不吸收任何认知性的信息，这样才能消化前面一个小时被动储存的信息。我的意思不是要完全摒弃电视——如果它是您家庭生活的一部分，首先要知道电视带来的影响，其次不要让孩子对我们允许他们去做的事负责任。如果您希望您的女儿重新去感受自己的欲望、快乐和满足——成功地完成别人要求的事所带来的满足感是最大的动力之一，即使事情本身吃力不讨好——那么您有责任创造一个更友好的环境。让学生有好成绩的最好环境不是超负荷的学校训练，如作业、补课等；十一岁孩子的专注力持续超不过十五分钟，接着为了吸收信息[1]，就得处于意识改变的自然状态[2]。

现在让我们来谈谈您的描述中关于情绪的部分。我想您可以给女儿留出更多的空间，听她抱怨，也就是说让她跟您说到底哪里有问题，她为什么会有现在这样的感受。如果您关上电视，叫她去收拾房间，同时还责备她什么都不想做，这里缺少一个步骤，就是允许她说出她的失望，说出她不喜欢这些事，给她不喜欢的权利。如果经历这一步，

1　有利于学业成功得强调两个主题——娱乐和情绪管理。娱乐通过刺激身体和让人更有创造力来平衡超负荷的精神负担，创造力即思想的自由。

2　意识改变的自然状态指跟普通清醒状态（我也称之为有意识的存在）不同的精神状态。这些意识改变的状态是天生的，不是病态的，其中有一种状态是孩子在听、观察、看书等的同时想着别的事情，被称为“不专心”，即我们成年人所说的“心不在焉”，这种时候，他们的意识“逃遁”了，大脑则同时在下意识地对信息进行分类和储存。

她就不用担心因为这样说被您讨厌、在您眼中失去价值。如果情况一再重复，说明您的女儿累积了太多负面感受，她正尝试着运用逃避的策略以躲开这些负面感受，这样可以让她不用去面对困难的处境。这就是为什么她宁愿躲到房间里去不听您说话。如果您追到房间，她会感到被逼到角落里，当她再次经历这些负面情绪，可能就会大发怒气或流泪不停。然而在这个过程中，她不会学到如何整理房间，或不看电视而去做别的事。

我邀请您重新读一下第一章，其中提到孩子学习的几个要点：模仿、坚持、尝试、学会。您需要用这个过程来取代目前的运作形式。首先，不要用女儿的行为来判断她的价值，她的这些行为不是从天上掉下来的，要知道，是您创造的条件。如果她无法自主地管理时间，无法安排好做家务、做作业、玩乐的时间，您需要给她更详细的说明，不仅告诉她该做什么，还有怎么做，并且您要相信她可以做到。我们不能把一个三岁孩子留在房间里，桌子上还放着一大包打开的糖果，然后对他说："我相信你，你不会吃的。"我们尤其不应该在孩子很饿的时候做这件事。对您的女儿来说也是一样的，不要让她一个人留在房间里两个小时，说是做作业，可是房间里放着电视、游戏机，又没有成年人陪伴、支持和鼓励她。其次，如果您觉得每天都要陪她做同样的事，她仍然无法一个人完成，那么有可能是她还在学习一个人如何去处理这些事；或者方法无效，那么就需要改换一种方法。不要觉得“她自己没有好好努力”，“有效教育”中没有这种说法。

***

问：我是老师，希望知道在我的教学里面如何使用您提到的这把钥匙。我实在不知道应该如何在一个有二十八个学生的课堂上留出情绪表达的空间。

答：非常值得庆幸的是，您的二十八个孩子不会同时或持续地有表达情绪的需求，所以您可以给在某个当下有情绪表达需要的孩子一个空间。不管怎样，情绪就在那里，只要没有被表达出来，就可能/会破坏集体气氛。但是，教师的角色与父母的角色不同，而情绪教育也不属于国家教育计划的一部分——我认为这是错误的，但您还是可以花一点儿时间做情绪启蒙教育，或者安排小组集体交流。至于在每天的学校日常中，您可以用这一章的内容来改变您自己看待学生的眼光。记住，学生的行为所表达出来的是情绪的需求，同时老师也要做他们的榜样。

3

成年人不是全能的

无论谁，只要愿意聆听孩子的回答，

就拥有了变革的力量。

而那些自以为要变革的人，

却什么都不会改变。

——弗朗索瓦丝·多尔托（Francoise Dolto）

这把钥匙能够同时打开名为“教育”的这条长廊两头的两扇门。这条长廊就是宽厚的权威，它能把孩子引向健康的自尊[1]，面对任何困难都坦然处之。要做到这点，一方面，不应该用难以接近、完美无瑕的权威父母形象来“压制”孩子；另一方面，最好给孩子犯错的机会，让他们自己从错误中学习，而不是模仿成年人强制给予却无法理解的毫无瑕疵的榜样。

提出问题，而不是给予答案

“提出问题，而不是给予答案”是“成年人不是全能的”这把钥匙打开的第一扇门。我们发现，孩子，尤其是青少年，首先要能够说出问题，然后“被邀请”——帮助他们感受到被邀请，才能鼓励他们表达自己内心的情绪和想法，这

1 自尊是建构孩子人格的一个基石。孩子的发展主要受到两件事的影响，一是感受到被父母爱，二是完成别人要他做的事。对孩子的爱越是无条件的——不管孩子是否优秀，是否成功，拥有什么技能等，孩子都能感受到被爱——孩子就越能在他所做的事上成功，他的自尊也更加健康。这是个良性循环。

样才能训练他们的思考和分析能力，帮助他们学习用自己的方式找到解决问题的方法，进而学会真正的独立。

如果孩子制造了麻烦，每次都是成年人给予解决问题的方案，那么很有可能孩子的答复会是“是的，但……”。当一个人说“是的，但……”，就意味着继续留在问题里，拒绝使用别人建议的所有解决方法。“是的，但……”是对“你只要……”的回答。若成年人提出的解决方案是合理的、符合逻辑的、可行的，孩子继续强调问题，那么就说明成年人不只需要解决表面的问题，更需要去理解这个问题带来的挑战和背后的原因。就算成年人提出的解决方案，孩子愿意接受，也愿意去做，问题还是会以另一种形式出现，直到孩子真正需要学习的问题解决了。即使孩子总是等待成年人提出每个问题的解决方案，总有现成的解决方案在手，他们迟早还会需要更多的时间去学习独立，并且如果身边没有成年人支持，就更容易没有安全感。

对青少年说“你只要……”，会让谈话无法继续，他们可能有问题不会再找成年人讨论，因为后者提出的解决方案不符合他们的需求，让他们更加觉得不被理解、不被聆听、不被尊重等。但如果成年人懂得倾听而不是干预，提出问题引导青少年的表达而不是给出答案和解决方式，他们就会放心地来跟成年人讨论遇到的问题。我说的“提出问题”，不是向孩子去挖更多的细节以便掌握情况，而是鼓励孩子对自己进行提问，不仅仅停留在“讲述问题”上。以下是一些例子：“你觉得怎么样？”“这对你有什么影响？”“你想到这些时有什么感受？”“你认为事情会怎么进展呢？”等等。[1]若孩子问：“如果你在我的位置，你会怎么做呢？”虽然这种情况相当罕见，但仍然会发生，我们可以先说：“好吧，我会像你一样，问自己很多问题，我会疑惑并询问别人的意见……。”[2]这样我们就直接来到了教育长廊的第二扇门前。

忘记完美主义

用“成年人不是全能的”这把钥匙打开第二扇门，您将不再坚持完美主义。一个不完美的答案比完美主义的暴政好，前者给孩子犯错的机会，后者带来的是永远的不满足和低落的自尊，因为完美并不存在。成年人说“我不知

---

1 孩子给出的每个答案，我们都可以复述，重新组织语言来表达他想说出口的。例如：我们问的问题是：“对于这个问题你怎么想？”孩子回答：“我希望问题直接消失。”我们就可以这样回应：“你的意思是想立刻解决问题？”这样做可以确认孩子说的话确实与所想的相符，如果您真的抓住了他想说的内容，那么沟通的效果就容易进一步被强化。

2 孩子们经常跟我抱怨，当他们向父母提及跟自身相关的问题时，父母自然而然就会提到他们自己的经验，说到自己的例子，这些例子通常都是反例，会贬低孩子现在的处境：“我在你这么大的时候……”“学校可不像现在这么糟……”“我们都很尊重父母……”等。我们应该坚决拒绝这种做法，第八章将解释原因。

道”“我需要在回答之前思考一下”“我需要问一下别人的建议或咨询一下”“我说得太快了，后来发现说错了”……孩子听到这类话相当于收到一份美好的礼物，他被允许跟成年人平起平坐，跟成年人一样强壮、聪明、优秀……

当然，我们不能假装不知道或撒谎，让孩子以为我们不知道，生活中有足够多的机会让我们在回答问题前先去查询信息，这就足以让孩子受益了。这个原则对教师来说同样有效，老师这样做给了孩子一个榜样，让他们学会反思，并让孩子觉得自己很有价值，因为他做的事，有些甚至连老师都需要学习！

如果成年人跟孩子说了原以为正确的信息，后来发现错了，比如说一个字的拼写或计算的结果，让孩子来纠正错误，一点儿害处都没有。我们无须因为无法维护父母无所不知、无懈可击的形象而生气；或试图让孩子相信“我还是对的”；或糊弄过去而不承认自己错了，说“只是我用的是另一种方法，你老师跟我用的方法不一样，可是我做的也是对的……”此类话遮掩。我们还不如直接说“啊，对哦，你说得对，我错了，谢谢你纠正我”或者“你看我也会错，你也会错，所有人都有错的时候”。

完美主义极具破坏性，有完美主义的孩子在完成一件事时常常会有焦虑情绪，特别是在学校里，他们有不断确认的行为习惯，常被误认为动作很慢。在我的个案中，由于在学校有动作缓慢表现来咨询的孩子，三个中有两个是焦虑型的完美主义者。

离开无所不能的陷阱

打开这两扇门之后，我们就来到一个宽敞的空间，在这里，父母和孩子建立起一种平衡的信任关系，孩子信任教育他的父母和老师，并且充满自信。这种平衡至关重要，是建立权威的条件。[1]

一些成年人常表现出给孩子很大的压迫感，以此来满足自己的自恋情结。一般来说，这是我们应该避免的事，因为这样做让孩子的自尊建构变得非常脆弱。成年人的无所不能有时会破坏孩子的自尊——没有给孩子成功完成一些事“留足空间”，强行表现自己能力的父母或老师其实是在不知不觉中把自己摆在与孩子竞争的位置上。这并不是一种有荣誉的竞争，

1 孩子在服从方面的问题，无论是无法服从还是过度顺从，通常都是由他们对自己的信任和对成年人的信任无法平衡造成的。不服从的孩子正在经历的是不信任，而不是对权威的叛逆（青少年有可能是叛逆），他们需要行使自己的权利，即测试他们是否能够相信自己。如果他们发现这样做比信任成年人更有效，他们学会的就是不服从，仅仅就是因为对他们来说结果更好，这是他们在所处的情境中能够做到的最好。过分顺从的孩子甚至会服从违背自己需求的命令，他们通常是缺乏自信。反之，那些不服从的孩子，尽管提出来的指令符合他们的需求，也不会照做，他们则是缺乏对他人的信心。

因为成年人在其中设定规则，而赢得比赛的总是成年人。

此外，父母或老师在与孩子互动时，发现自己的某些话或行为不适宜（后悔这样说或这样做），就应该直接告诉孩子，而不是解释或找理由，尤其不应该说：“我很后悔这么做，可这是你逼我的。”我们可以直言不讳地说“我很后悔这么做，我想让你知道”，或是“我气昏了头，就这样说了、做了，现在我清醒了，我想跟你说我那么做是不对的”。

最后，我需要澄清一点。我想此刻您可能正在列出您错了却没有说出口的事情的清单，要改正错误永不嫌迟，几天、几个星期、几年之后……承认错误，总比让事情悬而未决好。有些家长在咨询时跟我说，他们总是非常小心，不表现出任何“失败”，不回头矫正某句话或某个决定，他们认为这样做孩子才有安全感，才会对他们有更多的信任。父母的爱和宽容才是培养孩子对他们心生信任以及聆听、同理能力的法宝，而不是父母表现出的从不犯错和无所不能。

学习接受失败

具体地说，要让孩子变得有承受力。当孩子成功的时候，我们不使用情感奖励的手段，比如对孩子说：“我为你感到骄傲，我爱你。”或为了孩子的成功而亲吻他，对他微笑……反之，也不应该在孩子犯错的时候给予情感上的惩罚：不高兴、叫骂、拒绝跟孩子说话、粗暴地对待孩子等。在孩子成功时才给予肯定，这样的教养系统会限制孩子获得知识和能力，情感奖励会让孩子对此产生依赖，以致延迟孩子自立的时机。“好样的！”“太好了！”“你是最棒的！”“作为你的妈妈，我很自豪！”……这些话语会让孩子习得只有学会做某件事才值得被爱。只是，被爱是成功的先决条件，而不是给成功者的奖励。孩子在失败时最需要被肯定，最需要感受到被爱。他的成绩很糟糕时、无法达到他人的期待时，父母才最应该跟他说“我爱你”“好棒，你已经努力尝试过了”，尤其应该说“这个结果完全不会改变我们的关系”。一个孩子不应该为做错一个练习或打翻一杯水而感到难过或丢脸，让他有这样的感受就是阻止他通过错误去学习、改变和成长。接受失败是走向卓越的关键。

成功时的表扬和失败时的惩罚不仅是学习的陷阱，还是创造力的制约因素。建立在惩罚失败、奖励成功[1]之基础上的教育体系限制了孩子成为优秀的人，而毫无畏惧、没有忧伤、不带愤怒、不觉羞愧地面对失败是推动学习和带来成就

1 这里指的是学校系统中根据平均分而给出的成绩、排名，按水平安排的小组、警告、鼓励、祝贺、成绩级别等，此外还有父母在教育过程中使用的奖励制度，后面会在第七章中详细说明。

的先决条件，只有这样孩子才不会被负面情绪限制，才能获得激励并享受人类创造力带来的奇迹。

如果我们只是口头上不断重复对孩子说“错了没关系，不要害怕，你不知道答案”或“你成绩不好，可以跟我们说……”，可给孩子的感觉却完全相反，这样也是不够的。我们需要改变这样的观点，给孩子做榜样，[1]主动舍弃利用人类经验进行人为排名、从本质上阻碍所有孩子（包括最优秀的孩子）走向成功的教育系统。作为父母或老师，首先自己能够坦然接受失败，承认自己也有犯错的时候，以这样的身体力行允许孩子学习自己做出选择、没有负担地练习面对失败，将错误视为一个过程而不是一个失败，这样才能强化他们的自尊。

选择的能力

此外，我们需要接受孩子有不同于成年人、属于自己的品位和意见。这就意味着在孩子的表现不符合我们的预期时，我们不可以批评、嘲笑，也不能尝试着约束他们或改变他们的想法。如果我们认为孩子没有自己的见解，或认为他

1　请参考第一把钥匙：“我们会做的一切都是学来的。”

们应该和父母、学校等权威的想法一致，就没有给他们留下选择的空间，更不要提尊重他们的选择了。

孩子的学习能力很大程度上取决于做决定的能力。在学业领域，孩子越能坚定地做出选择，他们就能越快、越轻松地完成学习任务。锻炼其选择能力以提高孩子的自尊和自信，进而促进孩子走向卓越。而做出选择，就是在冒着选错、失败的风险。犹豫、困惑及学习上的困难，或许缘于孩子被明确或暗示禁止犯错。父母禁止孩子犯错，学校和社会同样也不鼓励，“要优秀啊”，这样的期待其实没有任何用处，孩子越怕失败，就越慢做出选择，所做的选择越不坚定，甚至无法做出选择——那样的情绪状态让智性不再运转。有一点很重要，我们平常以为孩子“懒惰”，事实上是拖延症的一种形式。拖延症，正如我们所知，是潜意识的回避策略，在大多数情况下是为了处理“要优秀”的焦虑。

讨论

问：您解释说，青少年不需要成年人提供他们所面对的问题的解决方案。那么一个十五岁的孩子，他认为自己完全没问题，自我封闭而不听取任何人的建议，否认他自己一些行为的危险性，面对这样的孩子该怎么办？举个例子，我跟他说，不要把所有时间都花在网络上，他睡得太晚，早上又起不来，成绩下滑……他却全盘否认，还说一切都很好。怎么样才能说服他，让他知道父母和老师比他更清楚什么对他最好、最平衡？

答：这是青春期的难题。用一个词来概括：这是一个阶段——“不乖”的阶段【作者玩了个文字游戏，法语中的阶段、段落（passage），拆成两个字就是不乖（pas sage）。——译者注】，是折磨人的一段时间。对孩子自身来说，这个时期正在经历巨大的动荡；对父母来说，可以借这个机会检视已经确定的规则，反省自己是否给孩子留足转圜的空间，是否自己的掌控欲过强。一切的秩序都上下颠倒了，他们否认自己曾经喜欢的东西，更换来往的朋友，改变口味、看法和意见等。他们改变一切，因为在他们的内心正在发生一场地震，身体和大脑都在以疯狂的速度变化着。大量荷尔蒙让他们在短期内从小孩长成了青少年，他们的需求跟还是孩子时所感受到的完全不同了。

女孩平均十岁、男孩平均十二岁就开始进入青春期了，这个阶段大脑的一系列变化带着他们从孩子变成青少年，然后到成年。在这些变化中，“生长高峰”打破了身体的平衡[1]，形成青少年特有的行为模式：他们走得不那么快了，摆动臀部以保持平衡，常常掉东西，撞上家具，“瘫”在椅子上……这些都是为了缓解骨骼快速生长与肌肉发育较慢两者不平衡带来的肌肉压力。这种暂时的失衡会影响青少年对自己的观感以及成年人看待他们的方式：以前每个人都觉得他们是可爱的孩子，现在成了“软趴趴、叛逆、复杂”的青少年……

我特意用“地震”来形容这个时期，因为您需要开启“抗震模式”才能找到合适的应对方式。您肯定知道抗震性建筑的特点就是灵活、承重好，跟容易带来损坏的刚性硬度恰恰相反。您的孩子正被与父母、成年人、被

---

1 全身并非同时和谐地发育，女孩先是大腿开始长长，男孩则是先长长手、脚，之后才是大腿。接着男孩的脊椎开始拉长，女孩的胸部、臀部开始发育；男孩开始变声……

灌输的价值观、学校体系等之间的关系拉扯着，为了防止这些关系破裂，关系必须是有弹性的。

您的问题是：如何说服青少年，让他们相信我们比他自己更知道什么对他好？如果直接回答这个问题，就是我们的失败，因为我们无法说服青少年！好的问题是："作为父母、老师，我们如何调整我们的眼光，来陪伴这些变化中的青少年，同时又维护好这些青少年与学校、社会、家庭等的关系？"问您自己这个问题，您会发现这个答案才是您真正需要的。相信您的孩子、您的青少年所说的话。举个例子。您知道吗？青少年脑中的褪黑色素，即调节睡眠的激素的分泌在昼夜节律周期中跟成年人和儿童的周期刚好是错开的，所以当孩子跟您说他晚上不困，这完全符合他的生理状态，可不是什么叛逆行为！他早上起不来，也是同样的情况。请记住，并没有"任性"这回事。[1]当然，在学校的节奏中，青少年的需求无法一直被满足，父母不得不逼着他们遵守那些共同规则以维持学校的秩序。但为了避免对他们不公平，并让他们尽可能不那么痛苦地度过这段时间，我们得相信

1　请参考第四把钥匙："每个要求背后都有一个需求。"

他们的诚意和智性：就算戴着自己的“有色眼镜”，他们眼中的世界也是正确的。

***

问：我女儿快六岁了，她缺乏自信，老是害怕出错。人家稍微说她两句，她就哭了。过去我对她很严格，只要她犯点小错就骂她；当然，她表现好的时候，我也很认真地去表扬她。简单来说，我完全就是您刚才说的反面教材！只是现在我在想应该怎么与她相处，让她能够自信一些，有更健康的自尊。希望为时不晚。

答：任何时候都不嫌晚，因为孩子改变得很快，而且很容易改变，尤其当我们改进自身是为了安抚他们、满足他们需求的时候。您分析得很好：您的女儿缺乏自信、害怕失败，就是因为您经常针对她所犯的错误对她进行处罚，当然，您处罚她也是因为她所做的让您担心。其实在这种时候，您缺乏的是对她的信任。她正是通过这种方式学会了不自信。孩子出错时，正是她学习的时候，错误是学习的一个载体，所以您完全不必为她犯错而感到担心。孩子犯错意味着缺少信息，您责骂她时，您强调的是她不应该这么做，可您没有帮助她明白怎么做去回应您的期待。

至于鼓励她做得好的部分，您可以问她是否满足，做这些事或做完的时候是否高兴。如果她表现得很高兴，告诉她您分享她的喜悦。您可以谢谢她，而不是表扬她。在您觉得不满意的时候，您可以在内心跟自己说：她已经尽力了，要做好这件事她还需要学习；然后看看您可以怎样改善条件，帮助她完成这件事。

总体来说，我们总是可以问自己：为什么我希望孩子按照我的期待去做？如何防止孩子因为怕我们失望、出于内疚感或为了让自己讨人喜爱而去做事情？孩子总是按照他们拥有的信息（包括做什么、怎么做），根据所在的处境，即内部和外部环境，尽他们所能去做到最好。内部和外部环境指的是有时他们累了、烦了，有时周围有噪音，不想在这个时候做这件事，因为他们有别的需要，或感到被强迫不得不做等。

您的女儿在您批评她所做的事情时哭了，因为她以为您批评的是她没有满足您的期望，她感到非常难过。您需要承认她打算把事情做好，您可以跟她说：她做出来的成果有待改善，但不是因为她“草率”，而是因为孩子做太快或不专心，总是能找到原因的。这些原因就是孩子未满足的需求，或孩子为了满足您的期待而忽略了自己的需求。如果您发现倾听您的女儿很困难，您也可以问问自己，什么是您真正的需求，尤其是为何您有“优秀的焦虑”。当我们自己率先成长的时候，在教养孩子的路上总是更加有效。

***

问：当孩子说：“我很肯定，我永远不可能做到。”我们该如何回答呢？我试着对我儿子说“没关系，你是个聪明的孩子，能做得更好”，可他就是很讨厌失败。

答：您儿子说“我永远做不到”，其实是他无法表达这句话背后的情绪：“我害怕不成功。”您可以跟他说，他有权利害怕，因为这是他的感受。我们害怕失败的时候，就会为了成功给自己施加压力；一旦我们跟自己说，无论发生了什么，我只要尽力，就算结果不完美也很好，那么害怕就消失了。害怕将在您儿子动手去做这件事的时候消失，然后如果他成功了，他就会很满足；就算失败了，仍然可以通过补全信息、不断练习而改善自己的技能。他害怕失败，是因为他接受过这样的信息，例如在学校里大家嘲笑失败的人，大家捧高成功的人时就是贬低了失败的人。或许您或孩子的父亲本身就不喜欢失败，他以你们为榜样……

问：是的，我喜欢把事情做得很好，我有点完美主义，如果不够完美我就不舒服。

答：所以您的儿子是在满足您完美主义的需求，同时也在表达他自己的不舒服，他害怕无法回应您的期待。我建议您先在自己身上下功夫，这样才能让他看到您的榜样作用，在我们正在学习的事上，我们有权利出错。另外，也要注意不要拿他跟他的朋友的表现、您在他这么大的时候的表现以及他的兄弟姐妹的表现等进行比较，避免产生竞争。您跟他说“没关系，你能做得更好”，就是在以某种形式给他施加压力，这样说，他记住的是他应该做得更好，因为他有这个能力。不如简单地跟他说，他有权利出错，所有人都会出错。如果他失败了，您不觉得失望，也不觉得生气、不安，因为您知道出错本来就是生活、学习的一部分，不是一场灾难。您也可以跟老师们确认一下，他们的教育方法是否贬低失败的人，是否鼓励同学之间的竞争。

4

每个要求背后都有一个需求

我们以为孩子需要我们回答他们的问题，

其实他们更期待我们听到问题背后真正的疑惑。

——雅克·萨洛梅（Jacques Salomé）

每个要求都对应了一个或多个需求。这句话的意思不是说成年人要回应孩子的每个要求，当然不是。毫无疑问，我们绝不是“屈服”于不合理的要求，也不是放任孩子表现出来、被判定为“不合宜”的行为。但这些行为或要求，常被我们称为“任性”，实际上已经是一种结果，是成年人用强制力建立的与孩子之间的关系所带来的结果。这里的成年人，是一种集体实体的概念。

要脱离强制力关系，作为父母，首先，不要合理化自己强加给孩子的决定，诸如：“我是成年人，我是父母，所以我来控制场面，我来决定，你得按我的想法去做。”面对这样的态度，孩子的回应自然是跺脚、拒绝前进、大声喊叫、在地上打滚、在整个小区大闹以致吵醒邻居……“我倒是要看看谁更强硬”，强硬的人就“赢了”。可使用强制力时，没有一方是赢家，双方都是输家，羞耻、内疚、悲伤、愤怒、遗憾、怨恨……关系中的双方都感到受伤。

其次，要想持久地脱离这种强制力关系，我们需要做的是持续维持平等关系，[1]不允许任何例外；在这种关系中，每个人都相信对方的动机是正面的，相信对方总是尽力做到最好。成年人在教养关系中负全责，并且应该按照孩子的需求回应孩子，建立一种互相尊重的关系。孩子感受到对方尊重他，就能跟随这个榜样去做——被尊重，因此学会尊重。

“没有任性这回事”

有时我们认为孩子提出某个要求是耍任性；我们这样错误地判断是因为我们认为这个欲望没有根据，孩子实际上并没有这样的需求，他们只是想得到我们无法提供的东西或想做无法做到的事。即使孩子要求的内容和表达方式看起来有多么不合宜、不可理喻、疯狂……在“任性”的背后总有一个或多个需求。成年人随着时间的推移或多或少都学会了识别自己真正的需求，并用适合的语言表达出来，孩子则不同，他们不总是知道自己真正的需求，这是他们童年时期学习的一部分，学习结果如何，多半取决于他们在这个主题上所接受的教育是否有效。

孩子年纪越小，越无法意识到自己的需求，也就无法清

1　关于孩子与成年人之间的平等关系，将在第十把钥匙“‘有效教育’从不嫌晚”中具体阐述。

晰地表达出来。这就是为什么我们常常会看到，孩子的需求最终只能由没有被满足而造成的内心失落感表达出来，这种时候的要求通常看起来非常过分、不合理、让人无法理解，在时间上也总是滞后，可能跟真实需求完全不成比例等。我们用贬义词来形容这些要求，即包罗万象的“任性”两个字。几乎所有来过我的咨询室的父母口中都出现过这个词，它囊括了各种类型的行为，从拒绝跟面包店老板打招呼到在公共场合满地打滚——因为父母拒绝给他买一罐机油或其他看起来对他毫无用处或似乎没有任何意义的东西。如果您想避免或停止这种“任性”的行为，就得在孩子情绪危机爆发之前，找出孩子这些要求背后真正的需求。孩子越小，就越需要父母及普遍意义上的其他成年人通过孩子释放出的信号来识别出他们的需求；孩子越大，就越应该学会通过相应的要求来表达自己的需求，当然，前提是他知道自己的要求会被理解、被听见，而不是会遭到压制、嘲笑、评论等。我们还要指出，当孩子处于激烈的情绪（如恐惧、愤怒、悲伤等）中时，就算他平常很清楚自己的需要，也懂得表达，但在彼时由于情绪混乱[1]，可能暂时无法做到清楚地表达。

---

1 请参考第二把钥匙：“情商决定了我们的发展。”

呼吸、喝水、吃饭、睡觉、适当的环境温度、活动、肢体接触，这些都是生理需求。当孩子出现不合宜的行为时，大部分都是由于这些需求没有被满足[1]引起的。所以我倾向于首先详细地介绍这些构成基本需求的生理需求，然后我将总结其他类别的需求，这样您就能全面地了解孩子的需求，也能去识别孩子的要求背后所隐藏的需求。

聚焦：需求

亚伯拉罕·马斯洛[2]的需求层次理论由一个好几层的金字塔来表现，金字塔每层都是人类共通的自然需求，不分种族。从生存所必需的最大需求到自我实现，一共有五层：生理需求、安全需求、归属感需求（社交需求）、尊重需求和自我实现需求。马斯洛的理论模型，虽然普遍被心理学领域研究者参考，也被广泛接受，但他认为前一个层级的需求满足情况决定了下一个层级的需求是否能被满足，对此也有一些批评的声音。例如：他认为

1 从教育的角度来说，所有类别的需求都一样重要。但在孩子身上，生理需求没有被满足时导致的行为反应更激烈，让人印象更深刻。因为这些需求的满足保证了身体和心灵之间的平衡。

2 美国心理学家亚伯拉罕·哈罗德·马斯洛生于1908年，卒于1970年，他与卡尔·罗杰斯一同被尊为人本主义心理学之父。他的动机理论尤为出名，在这个理论中，他把人的需求排成几个等级，该模型被称为“马斯洛金字塔需求层次理论”。目前，从人文科学到企业的组织等跨学科领域中，人们都在广泛运用该理论。

如果我们饿了，我们就不可能感到安全；如果我们的尊重需求没被满足，就不可能实现自我等。该理论的这个部分确实值得反思，一个饥饿的孩子完全有可能获得归属感的满足或实现自我价值，所以，我在使用这个金字塔模型时，不会给这五类需求排等级，而是把它们当作“列表”，强调它们的类别，而不是先后顺序。

呼吸和活动的需求

首先，我想强调呼吸新鲜空气和活动的重要性，但我发现这两个需求经常被父母、学校忽略，可就是这两件事让新生儿感受到自己的生命。呼吸关系到活下去，活动则是孩子长大的条件。住在公寓里的孩子们，一整天待在保姆家里或去位于公寓楼里的托儿所，他们坐车去学校，一整天坐在桌子前面，或在推车里被推来推去。我们还总是阻止孩子在操场、街上玩耍，阻止他们放学后及周末出去玩、走路、跑跳，理由就是下雨了、天气好冷、天色已晚、还有作业要做……所以孩子们很痛苦。

呼吸新鲜空气、跑、走、消耗精力，这些对孩子来说是最应该被优先满足的自然需求。如果这些需求没有得到满足，孩子身体就会欠健康。不幸的是，很多成年人都把孩子的这种情况定义为多动、不稳定、紧张……明明是自然需求的表达，却被定义成病理性的。当每天的身体需要都没有被满足，这样的否定甚至形成一种教养模式，孩子会无意识地用其他方式来表达以获得补偿，例如强迫性饮食、睡眠障碍，甚至有一些身心失调的症状。

睡眠的需求

现在我想来谈谈睡眠，睡眠也是人类最基本的需求。睡眠被归类于生理需求，对于大脑和身体的活力来说是全部：它们需要从疲劳中恢复，消化、巩固最近的记忆内容，细胞再生，强化免疫系统等。睡眠的功能非常多，且无可取代，我们在睡眠时做的事是醒着的时候无法做的。在孩子身上，睡眠是身体发育、大脑成熟的条件，生长激素就是在睡眠过程中产生的。

国家（法国）睡眠基金会（National Sleep Foundation）对上百个专家的著作进行分析研究，分析出一天二十四个小时内，新生儿平均需要十六至十九个小时的睡眠时间；一岁以下的婴儿平均需要十二至十五个小时的睡眠时间；一岁至两岁的幼儿平均需要十一至十四个小时；二至五岁的儿童平均需要十至十三个小时；五至十三岁的孩子平均需要九至十一个小时；十三至十七岁的孩子平均需要八至十个小时；十七岁以上的青年人则平均需要七至九个小时。这些数值是具有指导性的平均值，我们也知道需求因人而异。

要了解您家孩子的个人需求，需要在他的最佳睡眠状态[1]下，经过一段足够长的时间进行观察，然后评估每天的平均值。在我们清楚了孩子的需求之后，就应该让他准时睡觉，睡够后在早上应该可以毫不费力地醒来、起床。如果不这样做，孩子很容易感到睡眠不足，他们自己却不一定意识得到，反而会通过一些不合宜的行为，如我们所谓“任性”、懒惰、臭脾气、敏感等表现出来。

尽管睡眠是必需的，但让困了的孩子睡着也不是件容易的事。在我的咨询室里，经常有家长跟我抱怨自家孩子“不喜欢睡觉”或“不想睡觉”。可是，没有孩子会在困了的时候不喜欢睡觉，叫醒一个没睡够的孩子有多难就是证据了。只是，躺下、入睡是非常微妙的阶段，这是孩子有可能“不喜欢”的部分。

矛盾的是，过度疲劳通常容易引起入睡困难，过度疲劳是一种情绪耗竭的状态，具体表现为紧张、焦躁，有时还有

1 所谓最佳睡眠状态，就是睡眠环境没有任何干扰，即没有声音、灯光、压力等的干扰，不叫醒孩子，直到他自然醒来。

愤怒。过度疲劳的孩子多数时候会拒绝上床睡觉，因为他还未处于入睡最佳状态。许多孩子需要家长帮助才能学会入睡。把孩子独自一人留在房间里睡觉，同时他仍然可以听到房间外家人的生活还在继续：电视、其他年龄大一些的孩子或客人的声音等，这些都会阻碍他入睡，也不利于他进入最佳睡眠状态，即使他已经非常疲倦。当然，我们不能要求家里人同时上床睡觉，但至少得有一个人陪着孩子，直到他入睡为止。

我们需要跟孩子建立睡前的仪式。每个孩子的仪式都不一样，但每个孩子都需要，您肯定也有帮助自己入睡的仪式。穿上睡衣，刷好牙，把灯光调暗或拉上窗帘，读一个故事，唱一首歌，一个拥抱……有各种组合的仪式，重点是必须要有一个成年人在场陪伴孩子，直到孩子可以自己不受限制地完成这些仪式。这样的陪伴或许要持续到孩子八岁，有些孩子甚至需要到十至十二岁，没有兄弟姐妹的孩子尤其需要。父母越是规律地陪伴孩子，这个过程越平和、越没有冲突——父母不会试图逃避陪伴，表现出他们的不满或一直催促孩子“快点！快点！现在已经很晚了，要赶快睡觉了”——那么孩子就能越有效、越容易、越快地学会自主入睡。

还需要强调一下，在睡前让孩子接触电子屏幕，即使少于半个小时，也会破坏孩子清醒时间和睡眠时间的更替节奏，因为屏幕的光线会改变调节睡眠的褪黑激素的分泌。因此，有必要禁止孩子在电视机前入睡——这对成年人也是一样的。

肢体接触的需求

除上述基本需求外，还有触摸和被触摸的需求，这是其他需求被满足的前提。孩子若被剥夺了身体接触的权利，就无法充分地感受到安全，无法感受到群体的接纳，也无法去爱或感受到被爱，更不会全面地学习和发展。

在来找我咨询的父母当中，我发现在日常生活中他们只在必要时才跟孩子肢体接触，例如过马路时牵孩子的手、处理孩子的伤口时、安慰孩子的时候；或者是在感到愉快的时候拥抱、亲吻、奖赏孩子。当我们需要说明一些事或倾听孩子的话，为了沟通或仅仅因为跟孩子相处而跟他们有肢体接触的情况却不多。然而，正是身体的接触促成情感的连接，促使沟通更加顺畅。想象一下，每次您有话对孩子说时——不单单是您说爱他或您看到他很高兴的时候，有时也可能为了处理一个问题，请他做一件事或告诉他，他做的事情不符合您的期待，这种时候，您从一开始就握住他的手，在整个互动过程中跟他保持肢体的接触，这样肯定能帮助您脱离强制力关系，避免孩子的“任性”发作。

当孩子肢体接触的需求没有被满足时，容易产生自我封闭的倾向，表现为赌气或拒绝的行为。最近来向我咨询的一位妈妈说她的儿子一出校门就“任性”，任性的理由各种各样：不想穿马夹、不想吃这种点心要吃另一种、不想系上安全带等。可是老师说妈妈来之前几分钟孩子还好好的，在学校吃得好、睡得好、玩得好……我跟这位妈妈一起仔细回顾了她跟孩子的互动情况，没发现特别的问题，只是在他们的互动中没有一点儿肢体接触，妈妈只是接孩子放学时亲了他一下，然后就是快快快！穿衣服、上车、说话、吃点心……我建议她在做这些之前先抱孩子三十秒，不是把孩子抱起来，而是蹲下来把孩子抱住，直到孩子自己说：“好了，我们可以走了吗？”三十秒，慢慢地数三十秒，您会发现其实过得非常快！可是能有多少父母在每次与孩子互动前都先有三十秒的身体接触呢？这位妈妈采纳了我的建议，一周后她打电话告诉我说问题已经解决了。所以不是孩子“任性”，而只是因为孩子有需求，我们需要满足他的这个需求而已。

安全的需求

对孩子来说，安全感意味着可以依赖照顾他的成年人，相信成年人可以按照他在生理和情感安全上的需要而维持一个稳定的环境。让孩子感到不安的是身边的威胁，不管这些威胁是真实的还是想象的，例如：他犯错时被大骂、被惩罚；父母吵架；他知道成年人的问题，其中包括夫妻感情问题、经济问题、新闻时事等；让他感到内疚的事——发现自己让父母失望了等。

只要上述情况发生一次，就会长期印刻在潜意识中，需要很长时间、多次的修复经验，让孩子确认这样的事情不会再发生了，孩子才能重新获得安全感。缺乏安全感可能让孩子产生看上去与年龄不符的要求，例如对孩子来说威胁在大街上——他曾看过有人打架或父母有些太频繁地强调“小心哦，不要跟不认识的人说话”——孩子就可能要求父母陪着去学校；还有孩子听到邻居家被盗窃，他害怕小偷，可能要求开灯睡觉；如果他害怕父母吵架，可能要求跟父母一起睡觉等。

至于虚构、想象中的威胁，也是同样的道理，因为潜意识无法区分现实和投射。如动画片、电影、那些在公共场合不断循环播放的信息以及孩子在场时成人讲述的社会新闻事件等，所有这些信息都会被孩子记录在潜意识中，对孩子的现实生活产生潜在的威胁，给他们带来不安全感，即使他们在现实生活中非常安全。

对孩子来说，有个成年人对他负责、根据他的年龄替他做选择，这样的安全感也是必需的。如果我们允许孩子做一些可能带来危险或伤害的事情，之后却责备孩子——我想到有些父母让孩子好几个小时不受监控地上网或看电视，随后又责备孩子“你总是坐在电视机前面”“你全部的时间都花在电脑上”。这样做，就是让孩子置身于不安全的状态。同样，有些父母跟我抱怨他们的孩子“不想早睡”，我提醒他们，安排孩子的就寝时间和就寝环境是父母的责任，早上没有成年人叫醒就无法起床的孩子，同样也无法自主去睡觉。

归属感需求

归属于某个小组、家庭、兄弟姐妹的需求被满足，情感需求被满足，感受到被爱——一般来说是被需要，这些满足能让孩子感受到自己站在对的位置上。满足这些需求对青少年来说尤为重要，这就是为什么他们总是在寻找一个群体的认同，这个群体可以是说唱乐队、足球队、这个或那个公众人物的粉丝团等。成年人经常误解青少年因归属感需求而表现出来的一些行为，因为青少年在寻求一个群体的归属时，同时需要离开童年期，这是个“剥离”的过程。有的青少年挑战强势父母的权威，不意味着他们不需要被爱、被需要。因为他不再像小时候那样顺从，父母或老师会为他的改变指责他，用伤人的口气评价他的品位，批评他的朋友，拿他跟兄弟姐妹相比，这些让他感到被拒绝，都违反了我们上面提到的“抗震模式”，关系有可能因此而破裂。

自尊的需求

这类需求包含了信任、自我尊重和承认自我价值。这部分需求与成功、完成且做好别人要求的事之后获得的满足感息息相关。如果我们对孩子的要求太多，叫他做的事情太难，把他与更年长的人相比，或在孩子面前说他会做某件事而事实上他并不会，我们就没有照顾到孩子的自尊需求。我们前面已经提到过，自我尊重是个体的人格建造的基石。

根据马斯洛的理论，自尊需求包括了自我尊重以及他人对其价值的认可。孩子的自尊，不是源于成年人因为孩子的成功和获得的技能这些外在的东西而给予他鼓励和奖赏，而是来自对他存在本身的接纳，并由此相信他的每个行为背后都有正面的动机[1]，就算行为本身看起来令人不悦。

---

1 关于这一点，我们将在第六章仔细讨论。

自我实现的需求

孩子主要通过学会某件事、发展一些技能和学会独立来满足自我实现的需求。自我实现赋予生命意义，回答诸如此类的问题：我为什么活着？我为什么活在地球上？这能带来什么？我将会变成什么？……对孩子来说，不管学习的内容是什么，学习这件事本身就能在很大程度上给他带来自我实现，这里当然不局限于学校的学习。如果把两岁的孩子放在婴儿车里或抱在怀里，阻止他拿食物和其他物品，不允许他碰动物，或用孩子间的竞争来增加学习的难度……这些阻碍孩子学习的行为不仅限制了孩子的发展，而且会让孩子因为需求没有被满足而出现不必要的行为。

“有效教育”最重要的一点就在于满足孩子的需求，这会让教育者拥有更多的能力来改变孩子那些被判定为不合宜的行为。每次不管您给的信息有多么精确、多么符合孩子的理解力和行动能力[1]，您发现孩子就是难以满足您的期待，您就可以寻找一下孩子是否有需求没被满足，让他无法顺利地进行尝试。孩子越小，我们越需要通过孩子的行为来找到他的需求，也越需要在马斯洛金字塔的底层去寻找他没被满足

1 即您考虑到了他的年龄和发展水平，并清楚地说出了“做什么”和“怎么做”。

的需求，即那些最自然的需求，如吃饭、睡觉、安全感等。孩子越大，就越有能力表达自己的需求，您越是给他充分的表达空间——认真倾听他的要求而不使用批评、责备压抑他的需求，不逼他做一些环境不允许他做的事，并教给他如何识别自己的需求，他就越会表达。

讨论

问：我有一个四岁半的儿子，他很固执，尤其跟我、他爸爸在一起时更加固执。跟其他人在一起时，他很害羞，也很安静。我们俩一跟他说“不”，他就开始生气，拒绝听我们的解释，甚至会动手打我们、咬我们。他让我生活得很辛苦，他一生气，我也马上会生气，因为我受不了他这么强硬，还拒绝听我们解释。我试了所有的方法：温柔待他、惩罚、拥抱……什么都不行。他打了我们之后，很难安静下来，然后就来亲我，要我抱抱他。面对这样的情况我很痛苦，他越来越大，我很担心这种持续性的生气会一直伴随着他，这种负面行为也会影响他将来的个性。

答：孩子打人是学来的。要么有人暴力对待过他：您打过他屁股吗？如果打过的话，请停止这种行为，也请禁止其他人打他；要么他看过暴力行为，在电视上或在学校里。孩子打您的时候，您可以握住他的手，亲亲他的手，跟他说手需要被温柔对待，他也需要被温柔对待，所有的人都需要被温柔对待。告诉他，如果他很生气，可以用嘴巴说出来他很不高兴；跟他解释您可以听他说，也理解他，能够帮他平息愤怒的情绪，而不是用暴力表达出来……最好在他安静下来时再说这些，因为面对情绪需要学习，就像其余的所有事情，我们都是通过模仿榜样和进行尝试学习来的。

当您的孩子“任性”了，他正在表达一个需求。您需要找出他有什么需求没被满足：睡觉、玩耍、沟通、跑步、呼吸新鲜空气、肢体接触等。他在情绪过去之后去亲您，是因为他感到内疚，这就意味着您跟他说的或非语言的表达方式让他感觉不好。为了改善这个情况，您可以告诉他您知道他不是故意这么暴力的，您会教他如何用其他方式来表达。我也借着您问的这个问题，再次明确地说：我们不是要向孩子的所有要求让步，在有必要的时候对孩子说“不”是爱的行为。孩子必须通过接受失落感来学会管理自己的欲望，这是在他们发展过程中必不可少的一步，能够帮助他们更好地融入社会生活、更加独立、更加幸福。这一阶段主要发生在孩子二至六岁，当然，在整个童年和青春期都需要不断地帮助孩子重复接受失落感，尤其在幼儿阶段没有学会如何接受失落感的孩子更需如此引导。

问：怎样才能更容易让我的孩子接受失落感呢？

答：首先可以创造一个更适合孩子尝试的环境，比如我们不会让一个四岁的孩子在睡前看很长的动画片，却对他说："十分钟后我们把电视关了，你不可以不同意，要讲道理。"但是我们可以拒绝让他看电视，跟他说："我们现在来做点别的事情：读故事书、唱歌，因为我们很快就要睡觉了，我们没有时间看电视。"当然，父母说这些话，是真的要去做的。

然后，我们得接受孩子在体验这些新处境时会产生的所有情绪，尤其是愤怒，我们可以说："看得出来你很不高兴，你没有得到你想要的所有东西，但坏情绪会过去，你的不高兴会过去，你有权生气，也有权表达出来，但这不代表我会改变主意，我仍然不同意你的要求。"如果孩子在生气的同时很难过、有点悲伤，我们可以把孩子抱在怀里，给他时间等情绪过去，不要试图压抑他的情绪或提出用别的东西来补偿他，尤其不要用甜食来补偿！否则，孩子仍然学不会接受失落感。对孩子来说，失望是很痛的经历，跟摔倒、受伤一样疼。孩子摔伤时哭喊，您可以接受，还安慰他。您这样做无法让他不疼，但可以帮助他度过这个困难时刻。您也可以用这种方式来帮他面对失落感。

最后，我们需要在“是”和“否”之间取得平衡，这样的拒绝给孩子带来的失落感更合理，利于孩子接受，孩子不可能每次都为了父母的小小让步而讨价还价。注意不要习惯性地改口，您本来拒绝了，后来意识到不合理，孩子也不接受，就又改变主意。当孩子为了得到某些东西而“大闹”，要么就是他知道——不管有意识还是无意识——父母那边有缝可钻，他可以让您改变主意；要么就是这个拒绝本身前后不一、自相矛盾。所以，最好不要让你的拒绝“留有余地”——也就是说不要让孩子认为这个“不”的意思是“可能不”，背后还有潜台词，就是“你要是哭闹起来，或许我仍然可以答应你”。最后还有一点非常重要，所有参与教养孩子的成年人都需要在孩子学习接受失落感的过程中保持统一立场，如果妈妈拒绝某件事，可是爸爸或奶奶会同意，孩子的学习过程就可能被一再延长。

***

问：我女儿三岁，我觉得她是一个非常闹的孩子。每天我都跟在她屁股后面跑，一刻也不停。我要怎么做才有效且不算惩罚她呢？举个例子，我带她去商场，她满商场跑，还一边笑一边唱“你抓不到我……”，我只得跟着跑，还被迫大声喊叫，因为无论如何都无法让她停下来。一方面我觉得应该教她顺从，另一方面我又希望她快乐地做自己。在家里，她不停地捣乱，变着花样地捣乱。可是在托儿所，大家都说她是天使，非常可爱！

答：对于一个三岁的孩子来说，一切都是游戏。您女儿在跟您玩一个游戏，游戏的名字叫“我跑，你跟在我身后跑，我们两个都玩得很开心”。她设定了游戏规则，因为您就是跟着她的规则来做的：她跑，您跟着跑。在托儿所，孩子们很喜欢玩这个游戏，这是被允许的，成年人也觉得很可爱。可是妈妈却不允许这件事，那么就要安静地跟她解释清楚，而不是用喊叫的方式，最重要的是让她看到您没有在跑！因为您做的事，跟您所说的正相反；她跑走的时候，您喊着叫她不要跑，同时自己却跟在她后面跑。她无法理解，反而以为您的喊叫是游戏的一部分，您喊得越大声，她跑得越欢，这样您才抓不住她，因为孩子通常在玩耍的时候会喊叫。

您想制止她跑来跑去，可以牢牢抓住她的手，但不要弄疼她，耐心地用教导的口气跟她说：“我不玩跟着你跑的游戏，你站在我旁边，我牵你的手。”当然，这样您需要一只手专门牵住她，就不可能像两只手都空着的时候那么自由自在地在商场里买东西。您不可能这样牵着她的手太长时间，她也需要知道自己跑和玩的需求会在别的地方被满足。她需要时间去适应这个新的模式，在这个特定情景下不是她决定游戏的规则，而是您。如果她哭喊着要挣脱，您也得紧紧抓住她，当然还是不能弄疼她，同时平静地跟她说明现在的情况：“我牵着你的手，我不会让你跑来跑去的，你哭喊是因为你不同意这么做，这让你生气，我很理解，你有权利表达你的不满，但这不会改变任何事情。因为这里不是玩耍的地方，我们在学校里、家里或公园里玩，但不是在这样的大卖场里。”

孩子有意识或无意识地在公众场合“任性”哭闹，是因为他们知道这有“用”。成年人喊叫或打孩子都没有用，这样只会使问题更严重，延长孩子学习的过程。我们要做的是下定决心不让步，并让孩子感受到我们的决心。只要他知道您向他表达您的要求的同时也很清楚他的需求，哪怕您晚一些再满足他的需求也没关系——只是晚一点儿而不是延迟很久，孩子就不会再坚持了。

您也可以跟您的女儿解释说："你正在学习新东西。在这里，你看，人们的行为方式是这样的。"一般来说，孩子很喜欢知道自己正在学习，学习本身就会让他们觉得快乐，而不需要额外被奖励、被称赞。如果您的女儿在家里常常做错事，肯定不是因为她还没有学会家里的规则，而是要么规则对她来说还不够清楚，因为可能家里每个成员的规则都不一样；要么就是那些规则不适合她那个年纪，不符合她的需求；要么就是教她规则的方式不够有效。

***

问：我儿子九岁，他很聪明，在学校成绩不错，但老师说他在课堂上不守纪律，听课不专心，老是说话打扰别人。他在家里也坐不住，总是需要别人关注他。他的睡眠质量不好，如果第二天要上学，睡眠质量更差。他很容易跟别人相处，但我担心这个表象背后隐藏的真实情况可能是：他其实是个低自尊的人。我知道他在学校努力考出好成绩是为了让我高兴，所以当他考砸了，完全无法安慰他。

答：按照您的描述，您的儿子不够在意自己的需求，他做很多事都是为了取悦您，毫无疑问还有取悦他的老师，他自己在当中却不一定能获得满足感，所以他常常期待您或其他人也为他做同样的事。很难安慰考砸了的他，有可能是因为他觉得让您感到失望很内疚，他已经习惯了不在意自己的需求，总是先去满足别人的需求。所以第一件事，在这种时候，您不需要表现出失望或不安。

第二件事，学校老师责备他的行为，而其实他成绩还不错，他们说他“听课不专心”，这个责备是否夸张了呢？他怎么可能一点儿都不听，却能考出好成绩呢？听到这样的评价，您的儿子肯定会觉得不公平、被看低了。睡眠问题显示出的是情绪过满和感觉没有被表达出来。或许他是独生子？除了学校的同学之外没有太多机会跟别的同龄人相处？您可以创造让他表达感受的机会，同时要注意当他说害怕、难过、生气的时候您不要被影响。被关注的需求、活动的需求容易导致无法专心听讲、不能较好地跟人互动、难以被安慰，由此推测可能他在学校表达需求的空间并不多。在家里活动算不上真正的活动，我建议您更多地带他出门活动，在户外做一些游戏，跟对他友好的人相处。他很容易相处，所以他需要更多的陪伴，让他多跟您之外的人相处，最好是同龄的孩子，在这样的环境里，他不需要听成年人说话，而他说的话能被听见。

***

问：我的儿子十六个月大，当别人拒绝他或他得不到想要的东西时就会很生气，这样的事不断重复，已经好几天了，他生气时情绪非常激烈，跺脚、满地打滚儿、尖叫等。我不知道该拿他怎么办，我承认自己非常慌乱……我等在他旁边，让他把情绪都发泄完，然后去抱他、亲他，但好几次他都拒绝我，我就再去抱他、亲他，我不知道我这样做是不是正确的。他安静下来之后，我跟他解释为什么我拒绝答应他这个或那个，但他几分钟之后又重新开始闹脾气，因为我给他拿水的速度不够快之类的事情……我应该继续我的模式，还是应该强硬一点儿？他的这种行为正常吗？

答：这是一个过程，他正在学习中。您的儿子表达了失落感所带来的情绪，他还不太理解到底发生了什么事，他需要通过情绪的表达吸引您的关注，再由您帮助他理解这些事。

在孩子情绪发作的时候，您可以告诉他您明白他的感受，您理解他很生气，他有权利生气，这个情绪会过去，您就在他的身边帮助他消除这个情绪。我们要照顾的是他的情绪，而不是去处理让他生气的那件事，既不去解释也不去试着让孩子理解他出于这样或那样的原因必须得接受失落感。您无须慌乱，只要不断地接收孩子所表达的情绪即可，其中很可能是失落感引起的不安、愤怒和伤心。他不愿意您抱他，那么就不要勉强，只要跟他说您理解他，他的情绪不会困扰您——真的需要注意不让他的情绪扰乱您，您的目的不是打压他的情绪表达，而是帮助他度过这个阶段；跟他说您不会因他而生气，您跟他在一起。当他安静下来时，您需要思考一下怎样才能不让他的失落感带来空虚感，对一个孩子来说，被拒绝却没有别的东西可以替代，是很痛苦的。

情绪总是对应着需求。如果孩子没有通过提要求把自己的需求表达出来，那么成年人就有责任帮助他，并用别的方式来回应他。首先要做的是承认孩子的感受，告诉他因为得不到想要的东西而生气或伤心很正常，您知道这不容易接受，但会过去的，您也会更加留意他的情绪。十六个月大的孩子还无法用语言表达，但什么都懂。所以，您用语言表达出他的感受，他很快就会明白，并信任您，您跟他之间的关系可以减缓他的情绪暴力。

我也建议您观察一下是什么引发他的愤怒，注意一下在托儿所或在保姆家是否有别的孩子或是否有表兄妹这样表达愤怒，或者最近是不是发生了什么特别的事。您了解情况后可以跟他谈一下，跟他说您知道他看到另一个孩子这样做，但他有别的表达情绪的方式，给他讲一些如何面对失落感的故事。例如：一只小猫把装牛奶的碗打翻了，妈妈又来得太慢，所以它哭得很厉害，但幸运的是妈妈很理解它害怕、生气，妈妈提议一起去重新拿一碗奶。下一次，小猫咪自己就没有哭闹，而是安静地等妈妈来，因为它知道妈妈一定会来，她已经说过了……

5

孩子
相信别人所说的一切

明白您要传达的信息所表达的意义，

这一点极为重要。

慎重选择您所使用的字眼，

您必须尽可能明了这个词所有可能的含义。

——米尔顿·埃里克森（Milton Erickson）

人们常说孩子“天真”，这个词用以形容孩子是个褒义词，但在孩子慢慢长大的过程中逐渐变成了贬义词：孩子越大，他们的天真就越容易被谴责，甚至被认为是一种缺陷。[1]但正是这样的“天真”让我们能够体验人性的卓越，开启毫无限制的认知功能。孩子越“天真”，越有利于学习。反之也意味着他相信所有事，包括不公正的事；他能消化错误的“知识”，接受被操控、被奴役、被虐待等。所以，作为教育者的父母或老师们必须充分意识到当孩子学“坏”时，责任完全在于教育者，因为不管孩子出于自愿还是被迫，他们总是相信我们要他们相信的事。

孩子们相信别人说的一切，对于看我的书的家长或老师

---

1 在普遍接受的社会价值体系中，我们把孩子身上的“优质”特性逐步变为“缺点”，这完全是一种暴力教育。这个过程遵循弱肉强食的法则，贬低弱小者，刺激竞争……我们用充满怜爱的态度，说一个小宝宝可爱、笨拙、温柔、敏感等，可青少年或成年人有同样的特性，我们就常常会表达不满或批评了。如果一个八岁的孩子哭了，我们会说他是“宝宝”，好像“宝宝”是个贬义词。成年人对孩子压迫性的歧视体现了我们在价值观上的等级制度，这个制度总是在所有情况下服务于支配者，甚至允许支配者所做的事情可以跟他的决定完全相反，支配者所做的一切都是正确的。

来说再明白不过了。从意识层面的角度来看，天真和完全信任[1]只是看得见的冰山一角；从潜意识层面的角度来看，无意识导入的许多信念是冰山沉浸在水中的部分。因此，这把钥匙可以带来巨大的教育力量，根据我们运用的方式，这个力量可以造福于人，也可以造成很大伤害。我们每天都在对孩子运用这个能力，大部分时间都不太控制，也不刻意经营，这对他们来说可能是很大的伤害。这就是为什么我建议您从“有效教育”的角度学会识别您的话语[2]给孩子的潜意识带来的影响力，并加以重视、改进。

操控是有害的

我们先暂时不提情绪操控[3]，本章提到的操控指的是精神上的操控。

从精神上操控孩子，举例来说：让孩子以为是他自己做了决定，而实际上是我们已经替他决定好了；孩子必须为他的某个处境负责，事实上责任在于成年人；让孩子以为他可

1 所以用不明显的暴力形式对孩子撒谎或操控他们是非常容易的，即使带着善意，这样对待孩子，对孩子的发展也十分有害。

2 我们可以扩展到孩子能够接收到的所有的语言信息和非语言信息。

3 这种形式的操控包括自主或不自主地让人在情绪平和的情况下按照教育者的意愿去想、去说、去做他本来不想、不说、不做的事。惩罚、奖励、威胁、承诺、批评、责备、说好话、请求等都是在这种暴力教育里会使用的措施。我们将在第七章更加详细地分析。

以自己选择，但只给了他两个选择，并且这两个选择都不符合他的需求……为了保护孩子、不让孩子受到刺激而隐瞒某件事的“谎言”[1]不在此列。精神操控指的是为了让孩子接受某些受限制的事情，刻意挑选信息的某部分让他知道，却没有考虑到他可能会有的情绪和负面反应。

比如，我们对孩子说要带他去游泳，然后我们自己改变了主意，为了不让孩子面对由此引起的失落感，我们提议他看动画片。当他问什么时候去游泳，我们一副遗憾的样子告诉他：“游泳池现在关门了，真遗憾啊！你刚才想看动画片，就错过时间了。不过看动画片也很好……”或者，我们让孩子以为是他自己做选择，但我们在提供可能性时就已经限制了他的选择。如：“下午你想跟我一起去吃冰激凌，然后去坐旋转木马，还是去朋友家什么都不做？”或让他选择自己想穿的衣服，我们却跟他说或用非语言的方式表明我们自己喜欢的那套他穿起来更可爱。诸如此类。

操控孩子等于否认他存在的价值，没有给他留下表达需求的空间，暗地里压制他，他本人却意识不到，也无法做出任何反应。操控孩子是把孩子当作一个物件，而不是当作一

1 只说出部分信息的“谎言”有时是有用且必要的，尤其当信息跟孩子没有直接关系时，更没必要说出全部的信息。例如：时事新闻、社会热点、家庭冲突、夫妻问题等等。

个个体来对待。操控让孩子失去决定什么对自己是好是坏的能力，对孩子的自尊极具破坏性。操控也让孩子以为他得对自己“糟糕”的选择负责任，因而产生罪疚感，然而那却不是他真正的选择。

破坏信任感

操控也破坏信任感，信任感包括自信。因为孩子怀疑自己是否拥有自主做出好选择的能力，所以自然而然寻求别人的称赞；信任感也包括对他人的信心，因为孩子开始怀疑别人说的话是否可信，特别是在我们为了避免孩子面对失落感而进行操控时很容易出现这种情况；此外还有对生活的信心，因为孩子不知不觉地得出这样的结论：在成年人能给出的所有“最好”的选项中，他却无法做出真正能够满足自己的“选择”，因为生活就是“如此”，“我们什么也做不了”，“运气太差”……

我强调，在以上三个层面中的信任缺失非常有害，让孩子逐渐采取受害者的“生活态度”[1]——失去行动能力，因为害怕“做不成”而认为自己没有能力做任何事情，仿佛事

---

1 “生活态度”是来自交流分析法的一个概念，指的是一个人的基本观念，在面对自己、他人和世界时所采取的姿态。生活态度在孩子开始意识层面、潜意识层面的学习时就确定了，即他们从经验和信念中逐步形成对待自身、他人和生命等的价值观。

情、人、命运这一切都让他无法动弹。

最后，操控倾向于把掌控关系[1]普通化、正常化，因此从孩子的学习角度来说也是有害的。即使在教养关系中的操控经常有良好的动机，通常父母自认为孩子满足于他们给的建议，因为这样避免了冲突[2]，但这种操控带来的后果往往是孩子一生中会屈服于其他形式的操控，从小被精神操控的孩子长大后更容易成为各种扭曲的操控的猎物，因为不管是哪种形式的操控，其本质都是滥用权力。

聚焦：潜意识对于认知功能[3]的影响

在前文中我们看到，人类的潜意识，是独立于意识而运作的，潜意识的特别功能包括诠释信息、管理信息、储存信息。这些功能一方面导致潜意识与意识的意愿相悖而行，上瘾、暴力行为、恐惧症等就属于这种情况；另一方面，正是这些功能建构了我们与世界的关系。潜意识是所有认知功能的基础。

---

1 这种关系让孩子处于两个极端：要么屈服，要么反抗。

2 我们前面看到，冲突是权威人士压制了孩子的负面情绪，或者说没有很好地管理负面情绪而导致的必然结果。

3 认知功能是指由大脑指挥的所有心理进程，包括语言、记忆、逻辑、动作协调（运动协调）、识别（辨别力）、观察和学习等。

首先，潜意识产生情绪，我们在前面的章节看过，情绪对于智力的发展而言是必不可少的。

其次，潜意识是大脑运作的一部分，而大脑正是产生、接受非语言信息的所在，非语言信息占据面对面口头沟通的信息中的75%，正是潜意识才让理解、诠释非语言信息的潜在内涵成为可能。

最后，因为我们的潜意识属于自发性行为，是后天经验或知识带来的反应、思想和行为的“总管”，也就是——我们没经过有意识的决定而说的话、做的事，所有那些我们当下或事后回想起来说“我知道不这样做更好，可是我下意识地这样做了”或“我知道不应该这样做，可是我控制不住我自己”的言行。此外，还有那些“错过”的行为（我们所说所做的与所想的完全相反），“忘记”的人、事物和大部分的认知功能及认知障碍。

对潜意识来说，所有的经历都会留下痕迹

关于人类潜意识的特性，在“有效教育”中，我们首先需要注意的就是潜意识无法区分现实和虚构。所以对于孩子来说，他有意无意观察到的，包括动画片、电影、听到的故事、电视上的信息、虚构出来的故事等，在他的潜意识中都

是真实的。一切都是真的，值得去尝试。孩子接收到的所有信息，对他的潜意识来说就是他自己经历过的；信息重复得越频繁，对孩子来说就越真实。孩子若经常看到暴力画面或听到与暴力有关的事，就把接收到的信息，包括思想、言语、行为当作标准，无意识地去重复，即使别人告诉他这些行为是不好的或因此惩罚他（惩罚反而强化了暴力，因为惩罚本身就是暴力行为），即使他自己也非常清楚这是被禁止的。孩子即使有能力对自己的暴力行为作出道德评判，他仍受潜意识的控制而在重复暴力。这就是为什么我建议家长要非常小心孩子在互联网、电视上观看的内容，也要小心暴力游戏，尤其是那些暴力的电子游戏。暴力游戏指的是打架、战争游戏等非虚拟类游戏，它们比虚拟游戏的危害小一些，因为毕竟需要身体的参与，有真实的限制，至于电子游戏，则完全没有这些局限了。

另外，不管信息本身的内容是什么，可信度、真实度高不高，孩子一旦接收了，潜意识就永远不会抹灭这些信息。不管孩子多大，都会用同样的天真态度接收这些信息。这就意味着信息如果重复许多次，潜意识就认为与该信息所关联的事就发生了许多次。看看那些不断重复的“滚动”信息伴随着同样画面的新闻能给我们的潜意识带来多大的影响！再想象一下，孩子即便不直接看这些画面，但是一直开着电视重复播放这些频道的信息，孩子都听得到，这对他的潜意识影响有多大！有不少孩子接触太多这类信息，内心世界充满了这些负面新闻，他们的父母只得带他们来向我咨询。他们害怕所有的事情，没有一个地方让他们觉得安全，连睡觉的时候都无法全然放松。他们的内心是一片发展恐惧症的沃土，在这种情况下[1]，通常就是潜意识选择了某个东西作为媒介，不断累积结晶成了恐惧症。

还需要补充一点，我们说到潜意识接受所有的经验，这意味着潜意识不做道德层面好或坏的区分。分辨好或坏的观念是一个非常复杂的过程，它调动了人的身体、心脏、精神和心理，即生理层面、情感层面、智力层面和心灵层面。在潜意识看来，所有的经验都有价值，不分优先次序。这就是为什么就算我们意识不到或否认某些事，潜意识仍会接受那些有害的价值观。例如：我们出于担心，告诉孩子吸烟有害健康，跟他说："一旦你抽过烟，就再也无法甩掉它了……"这样的预防措施，反而有了预言般的效果，到他们成为青少年的那一天，绝大多数人都尝试了抽烟[2]。

1 这种情况排除了主体受创和诱导性的学习，如模仿、沉浸在某个环境中、潜意识的指令造成的恐惧症。

2 广告，也是这种输入潜意识指令和预言的巨大媒介，对孩子和成年人都一样有效。

潜意识无法识别否定

潜意识无法识别现实与虚构，也同样无法识别否定。我现在跟您说“不要想一头大象”，在您的脑中发生的事，一定跟我的描述相反，因为不管提到什么，就算我们在言语上使用否定模式，在潜意识看来都是一个建议。

这个原则在很多情况下都是有效的。最常见的就是对潜意识诱导性的影响，举个例子：当我们怀疑孩子说的话，我们在孩子开口前就跟他说不要撒谎，其实就是在他想到撒谎这件事之前就诱导他撒谎的存在，他本身却不会意识到这个机制。这跟我们建议孩子撒谎的效果一样。另一种常见的形式就是焦虑的投射，也有些类似预言，比如我们说“小心，你会跌倒”或“你这样永远做不到”之类的话。还有一种形式就是讽刺，例如我们“祝贺”孩子，其实是向他表达不满：“好吧，太好了！你把花瓶打碎了！”潜意识接收到的信息是鼓励，而意识会把这种鼓励跟罪疚感联系在一起，最后就变成了：欢迎破坏！

这就是为什么在“有效教育”中我们通常建议教育者使用最真实的表达，跟孩子表达自己最真实的感受，正面地讲述，而不是向他投射预言性的想法。我们可以跟孩子说“我担心你会跌倒”，而不是“小心，你会跌倒”；可以说“我建议你用别的方法试试看”，而不是“你这样永远做不到”；要说“你打碎花瓶我很生气”，而不是“好吧，太好了！你把花瓶打碎了！”。我们需要在日常生活中改变沟通模式，这样才会更有效。

适合其需要的信息

跟孩子沟通，在注意形式和方法之外，还要注意内容，我们要确保提供的信息适合孩子的需要并符合我们对教育的期待。我们可应用苏格拉底的“三重过滤”法则，该法则主张用三个问题来过滤信息，我们的哲学家建议他的弟子们经过这三重过滤后再接收朋友说的话：

真实的过滤：“你想跟我说的百分之百是真的吗？你自己经历过这件事还是听别人说的？你这样猜测还是你担心是这样的？是你真知道的事还是你认为自己知道呢？”

善意的过滤：“你想跟我说的对我有益处[1]吗？你这么说是为了我好，还是因为自己感到痛苦？还是为了从我这里得

1 我特别提一下我们常说的“为你好”这件事，我们不可“为了孩子好”而伤害孩子，这是我们必须时刻记住的真理，只有这样才能避免我们以此为借口使用身体上和心理上的暴力行为。我们伤害了一个人，就是伤害了，即使这个暴力行为带来所谓“好”的结果——孩子可能学会了某件事，那也绝对不是因为感受到的痛苦，而是迫于所忍受的暴力，不管施暴者是否出于甘心施行暴力。痛苦总是降低从经历中学习的效率，从认知层面来看，暴力成本太高，对施暴者和受虐者之间的关系带来的冲击不可忽略。然而，教育的核心就是关系，教育就是两个人之间的关系。如果在这个关系中，我们用强权支配孩子，却让他认为是“为他好”，这很扭曲。

到什么却没有直接说？”

实用的过滤：“你跟我说的真的有用吗？我可以根据你说的内容对某些事进行改善吗？我可以从中学到什么吗？”

如果您打算对孩子说的话不是真实的，（或者）对他无益，而且（或者）对他无用，即他不会从中学得任何有用的东西，那么就不要开口。要说的话，必须经得起这三重过滤，即使只有一项无法通过，也最好避免说出口。请记住，潜意识相信一切听到的话，并会记录下来，就算我们说出口的话随后就否认了，在接收者这边也只有在意识层面做了言语上的修正，而前面的话对潜意识产生的影响[1]仍然存留着。

标签的重量

在成年人给孩子的潜意识输入的信念中，最有害的一种形式是用别人的眼光建立、维持自我形象，此信念一旦形成，最难打破。我称这种信念为“标签”。孩子若每天都接受从父母和（或）老师等成年人来的负面评价、指责，最终他将让自己成为这些评价中所描述的样子。因为潜意识以类

1 对其产生情绪上的影响，带来身体上的反应，形成某些信念……

似于语言的方式接受这些评价、判定，并应用在自己身上，让这些话语成为现实。意识判断为指责的那些言语，潜意识则当作指令来接收。

孩子从来不会“闹腾”“不听话”“不专心”“慢”“懒惰”“紧张”“害羞”“叛逆”，也不是“骗子”……成年人贴在孩子身上的这些标签，让孩子不得不朝着这些不良行为发展，事实上，这些行为只是学习的结果或还未学会的结果。孩子本身无法为他所受的教育负责，他们从成年人提供的环境中去体验，总是按照所获得的信息、心理情感状态和成长的背景尽全力而为。如果他们缺少做出合宜行为的信息，那么成年人应该提供给他们，当然，我们说的不是指令，而是真正做好某件事需要的信息。

举例来说，没有一个孩子是动作很“慢”的，“慢”不应该成为定义一个人性格的形容词。如果“完美型”父母经常给孩子下达“要做到完美”的指令，这些指令的言下之意就是“不要让我失望”，那么孩子就容易害怕出错，产生反复验证的行为，为了有好的表现，他们的动作自然就慢。动作慢一旦形成习惯，或成为印刻在孩子身上的评断，他就认定自己很“慢”，“慢”是他身份的一部分。可是，跟慢连在一起的，应该是“我的行动”，而不是“我是个……的人”。

这两者的区别非常关键，因为“我是谁”无法改变，可是我所做的，我总能学着去改变。所以，要改变孩子的行为，责任在于成年人：如果孩子没学好某一件事，是环境和（或）方法不适应孩子的情况，并不是孩子本身的责任。所有的孩子都有一样的能力去发展同样的技能（在学校里，教学的内容通常不足以激发年纪较小的孩子的创造潜力和理解力），如果我们改变看他的眼光，停止用他所做的事情来定义他是谁，一个孩子可以在几天之内彻底、完全地改变。

讨论

问：您说的让我非常困扰，因为我发现我的孩子在很小的时候动作就很慢。现在他已经五岁了，我们一直对他说“你很慢”，他的老师有时也会这样说他。怎么改变这个状况？我们应该说什么呢？

答：在考虑该说什么之前，您可以先改变思考方式：您的儿子不慢，即使跟其他孩子或您自己相比，您发现他总是需要多一些时间才能完成某个任务。但我确信在日常生活中，一定有某些事情他做得比您快，比如说跳过水坑、追着鸽子跑、玩电子游戏……您认为他慢，那只是他行为的一部分，是这部分行为让您感到不安和困扰，因为您对这些行为有自己的标准，而他达不到。大部分时候，环境或情况对孩子来说没有达到最佳值，例如早上我们要孩子赶快穿衣服、吃早餐，可孩子可能还没完全醒过来；在课堂上叫他做一个练习，可他连练习说明还没搞清楚；我们拿他跟班上其他孩子做比较，但他可能是年底出生的，比班上大部分孩子都要小，他的能力不像比他大几个月的孩子那样发育得那么好……看看当时的环境和他所处的情况，就会知道为什么孩子无法达到您的期待，总存在一个原因。

不管那个原因是什么，如果您希望改善孩子的情况，让他按照您所期待的更快一些，那么您就需要帮助他用另外的方式来做。回忆一下我们在第一章讲述的内容：提供给孩子相应的信息，调整环境利于他行动，让他不断尝试，直到他学会为止。要这样做，首先您得接受总体上来说他是不慢的，只不过在某些情况下，他需要一些指导才能达到您的要求，他需要您或老师的陪伴和帮助才能完成那些他花很多时间才做好的事，或者，他需要更多的练习才能更快一些……认为他很慢，经常说他很慢，似乎在给他的人格定性，而这会阻碍他的发展。尽量避免给他贴这个标签，也让他的老师尽量强调事情本身，而不是去诠释性地说“他很慢”。我们可以说：“今天在这个环境下，他用十分钟完成了一个练习，可是我的要求是全班都要在四分钟内完成。”要描述具体的事件和环境，而不是进行诠释或普遍性地得出一个结论。

***

问：您说不可以用操控的方式平息孩子的愤怒或悲伤，可是我经常对我的两个孩子——九岁的女儿和六岁的儿子这样做：他们感到失望的时候，我就会答应晚一些给他们想要的东西，但我知道我不可能给他们。后来每次他们提起这件他们想要的东西，我都往后推。我不知道如何跳脱这种模式，去接受他们的责难，承认我撒谎了。

答：为了跳脱这种模式，您可以做两件事情。首先您可以说这是您的问题。六岁和九岁的孩子已经可以明白很多事了，尤其这些事情又跟他们自己的成长有关系。这样说实话一举两得：一方面您摆脱了您不想要的操控关系，另一方面您也给他们做了榜样——榜样是必不可少的，您会犯错，但您有错就改。您可以简单地跟他们说：您做了承诺，可实际上您做不到。您可以跟他们说出与他们有关的具体事例，他们有权利感到失望，以后他们坚持想要某些东西，您也已经决定了不再这么做。要小心，不要引导他们以为您撒谎是他们的错——告诉他们您之所以那么说是因为您担心他们会伤心、生气或因为他们太坚持，如果您这样说，他们以后就会选择压抑自己的情绪。接着，您可以改变自己对孩子情绪表现的诠释。为什么您宁愿对他们撒谎，也不愿意面对他们哭泣或赌气？或许很有可能是您自己心里也有压抑的情绪，如忧伤或内疚感。如果您改变了自己的诠释方式，把他们的情绪当作一种反应，就可以陪伴他们去经历，正如我们前文提到的那样，[1]那么您就不再需要用空洞的承诺来压制他们的情绪了。

***

问：如果孩子听到了不该听的内容，反应很不好，该怎么办？我十二岁的儿子在朋友家过了一夜，他们一起上网看了恐怖电影，当时没有成年人在场。自那之后，他就不肯一个人睡觉，晚上害怕到街上去，去我家旁边买个面包都害怕。我们跟他说这些电影都不是真的，他不应该对不真实的东西感到害怕，这些想法很可笑。我们指责他不应该看对十二岁孩子禁止的电影，但几个星期过去，他仍然非常焦虑，睡眠很差，在学校总觉得累……

答：如果您责备他，说他没有“权利”害怕，他就对看过这些电影感到内疚，对于自己为这些“小事”——不存在的东西感到害怕而觉得丢脸。几个星期以来，毫无疑问他一直试着不要用这些“可笑”的事困扰您，以免再次

1 请参考第二把钥匙：“情商决定了我们的发展。”

受您的责备。您的儿子每天晚上自己在家舔伤口，因为那些吓人的想法总是在晚上让他睡不着，可他根本没机会表达他的痛苦，他肯定还没有机会跟您讲清楚他看到了什么……恐怖电影就是为了让人害怕，所以他有“权利”害怕——对恐怖的东西感到害怕是健康的反应，可您在阻止他感到害怕，这反而会扩大他的恐惧，容易引起其他情绪反应。

我希望您可以把他所经历的事情当作一个事故，无法避免，这也不是他自己的责任，他受伤（被吓到）了，他需要的是照顾和同理心。千万不要责备他，不要做道德判断。只要走完这个过程，害怕的经历过去之后，他自己就能从中学习。您把因为他的经历而产生的情绪投射在他身上，由于他自身的情绪已经多到没有空间接收您的情绪，他不应再去处理您的这些情绪。

您可以从跟他解释这些开始，包括您意识到在他的这段经历中没有真正有效地陪伴他，也没有帮助他去理解到底发生了什么。在他还未被恐惧占据的时候，他看到了这些画面，画面萦绕在心头；现在，他必须不带着任何羞耻感而进行全面的描述，您不可以否认事件给他带来的影响，也不可以责备他不小心，甚至不可以说他的经历让您感到难过。如果您无法平静地面对他，就让孩子的爸爸来对话，爸爸若也不可以，你们就找一位专业的咨询师。最后一点，您可以跟他说，既然他这么害怕，作为父母，可以在这个过程中陪伴他，在他房间里留一盏灯，或者留在房间里陪他，直到他入睡，帮助他想一些别的事情……不逼他做让他害怕的事情，即便这些事情从理性上来看一点儿也不危险，他以前也经常做。这一切都会过去的，只是需要耐心地过一段时间，并且信任他。当他又害怕的时候，也不要表露出您的不安、不耐烦。因为情绪总有高高低低，请记住，这是一个循序渐进的复健过程，就像摔断腿复健一样。

***

问：需要跟孩子谈法国恐怖袭击的事吗？

答：在必要的时候可以谈，我们可以根据他们的年龄进行简单说明，但八岁以下的孩子应该远离与这些事有关的一切，当然，这里说的是没有亲身经历恐袭事件的孩子或其亲人不是事件的受害者，若是事件相关受害人，则需要接受治疗。尤其需要注意的是，针对八岁以上非恐袭直接或相关受害者的孩子，不能让家长以外的成年人或其他相对较年长的孩子来告诉他们这些相关的消息，也不能用不成熟的方式跟他们沟通，不然，孩子只能从中吸收到负面情绪，如无助感、不安全感、恐惧感等。我们知道他们在学校避不开这个话题，所以家长最好先为此做好准备。

我们需要避免媒体所使用的字眼。仔细注意网络、电视、电台等的新闻标题，不要说出任何一个媒体所使用的刻板字眼。为了引起经过数小时连续新闻轰炸的成年人注意，他们特别筛选出一些吸睛的字眼，让人觉得可怕、震惊。在孩子谈论到亲密关系、生育、性等话题时，要特别采取一些措施，例如用孩子的语言，用他们知道意思的词，不要使用科学术语及成年人描述性的方式，不要让其他成年人跟您的孩子讨论这些问题，也要避免孩子看到电视上的画面……对于恐袭这类如此暴力的事件，更需要极度小心，因为单单提起事件或让孩子看到画面都会给孩子带来创伤。

对于超过八岁的孩子，我们只能在非正式的情况下跟他们讨论，要跟他们强调，因为很多人都在谈论这个话题，所以为了避免他们从别处听到不合宜的消息，我们希望亲自告诉他们。我们可以跟他们说，对于那些经历过事件的人，所发生的事非常严重，但是不需要跟他们讲很多细节。我们自己也感到非常震惊、悲伤，很多大人物都在讨论这件事，是因为所发生的事情非常特别、罕见，有人因此很痛苦，尽管我们不是直接受害者，但他们的悲伤也触动了我们。我们可以化痛苦为团结的力量，彼此拥抱，更加重视活着的人和对邻人的爱。我们还可以按照我们的信仰习惯，组织一场特别的仪式，点燃蜡烛、做祷告等。我们可以提醒孩子，他一定会听到很多关于这个事件的讨论，其他孩子和成年人都会谈论。我们可以回答他的一切疑问，如果其中的某个部分让他烦恼或困扰，他可以说出来，我们在家一起讨论，不管他需要什么，我们就在他的身边。

我们还可以强调，这不是他必须要管的事，处理这件事是成年人的责任。我认为这一点最重要。我们的责任就是要给他幸福、安全感，不应该是小鸡来照顾母鸡。我们要小心，避免让孩子产生对受害者的同理心，对“受害者的悲伤感同身受”[1]，不需要详细描述受害者身体或道德上所遭受的痛苦，更不需要说“所有人都可能经历这样的事”，这样只会让孩子更长时间地活在恐惧里。

1 我常听到这些说法，尤其在学校里。从潜在的心理影响来看，这是一个非常严重的错误，老师不应该是推动孩子谈论这个话题的人。作为老师，我们可以简单地跟孩子说：“我实在不太知道该说什么。”我们本来就不是无所不能的啊。

小心一点儿，孩子本身可能根本没意识，但他们的小耳朵会捕捉一切信息，广播或电视传递的信息、饭桌上的谈论、买菜时的闲聊……所有这些都可能进入孩子的潜意识，导致孩子做噩梦或产生其他不良反应。

***

问：我跟两个女儿也有类似的问题。她俩一个五岁，一个七岁，问我关于中东、叙利亚、巴勒斯坦等地区的问题……她们年龄这么小，我实在不知道该怎么解释。

答：您五岁和七岁的孩子怎么会知道中东的政治问题？您的意思是她们看到或听到过相关情况？

问：我的丈夫在做救济叙利亚难民和加沙殉难者的慈善工作，他在家里有时会说到这些问题，而他跟朋友辩论的时候，我的女儿们也会在现场。

答：尽可能地保护您的孩子远离成年人之间的这种辩论，如果您想将丈夫所做的事告诉孩子，尽量去强调团结互助的部分：我们帮助受苦的孩子以及那些拥有的比我们少的孩子，因为我们爱他们。在她们这个年纪，除此之外，就不应该多讲一句话，不需要让她们看炸弹轰炸城市的样子或战争场面，不管是视觉的还是言语的（要特别小心言语唤起的能力）。记住，在孩子面前不要谈论任何一种暴力行为，就像您不跟其他成年人谈论性一样。如果不管您怎么避免，孩子还是听到了，我们可以跟孩子说，这些信息与他无关，他最需要知道的就是：这是成年人会去处理的事，不是孩子要关注的事。例如，我们可以让他们参与慈善工作，当然，必须用正面的方式，如捐赠、分享等等。如果孩子们问为什么这些人被迫害、那么痛苦，我们可以回答：我们也觉得这很不公平，我们自己也不知道为什么。我们需要的是采取行动，杜绝这些行为。

***

问：我来自布鲁塞尔，我不知道该如何向我七岁的儿子解释恐怖袭击，在学校里大家已经说到了这个词。我可以跟他说什么？怎么解释呢？

答：您可以从问他听到了哪些事开始，免得您所说的内容“丰富”了他的认知。您可以问，别人跟他说了些什么，他理解的有哪些，他想象了些什么；他如果问问题，您可以问他：“你需要知道些什么？你的感受是什么？”首先是倾听，然后应用苏格拉底的三重过滤法则，从让您、让他感到困扰的角度来谈。如果他不愿意说或改变了话题，就任凭他。或许问题以后会慢慢出现，或许不会。如果您不知道问题的答案，就诚实地说您也没有所有问题的答案，您将好好思考，然后再回答他，这个过程中您需要好好思考到底希望孩子记住什么。最重要的一点，是不管在什么情况下，孩子需要在父母或照顾他的成年人身边有安全感。所以回答这类问题，首要的是唤醒人本能的力量，恐袭确实让人害怕，毕竟这是恐袭本身的目的和事件当下带来的效果，但在恐怖之外（我们可以用前文提到的管理情绪的模式来处理[1]），我们作为父母，天生有履行父母义务的责任感，我们不仅要保护孩子远离真实的危险，还要让他们远离事件的恐吓效果。当发生恐怖袭击的时候，孩子的无忧无虑会保护他们不受到伤害。

***

问：我们是否可以为了让孩子获得更好的教育而控制他们的潜意识？可否有意识地向潜意识灌输我们真正想要孩子接受的东西？

答：意识和潜意识是大脑的两种运作模式，二者相互补充、

1　请参考第二把钥匙：“情商决定了我们的发展。”

相得益彰。心理学称其中之一为“自我”[1]，好似一部分就可以代替整体，但其实它们是同一个人的两个部分。因此，与潜意识对抗其实就是与自己对抗，还会引发“问题转移”这样的无意识反应，例如行为的问题会转化成生理病症。话虽如此，回到您的问题：“向潜意识灌输我们想要灌输的内容”，我们仍然可以通过遵循潜意识的正面目的，即用有效的协作方式来满足人全方位的需求，包括生理、情感、智力和精神层面，从而改变自发机制或我们认为不合宜的感受。这个过程自然排除

1　按照卡尔·荣格的定义，“自我”是一个融合了意识和潜意识的虚拟空间，正是“自我”让实现真正的心理人格成为可能。

了对潜意识的强制控制，但确实会对结果产生影响。您所提的问题我非常感兴趣，因为这就是埃里克森疗法的核心。这个方法不像实践催眠那样使用强制性的禁令，如对被催眠者说："从现在开始，你不会再吃指甲了。"埃里克森疗法试图找出引起潜意识的所有问题，用相应的答案对这些问题一个个进行筛选，间接给予建议，在尊重主体整体生态的前提下，让潜意识接受改变。此外，米尔顿·埃里克森在写给悉尼·罗森（Sydney Rosen）的信里说道：我们可以"改变潜意识"。

6

只有动机是最重要的

我发现孩子撒谎经常是因为情况的微妙

超过了他们能够处理的范围，

所以为了让成年人更容易理解，

他们努力简化说明情况。

——米歇尔·图尼耶（Michel Tournier）

尽管孩子的行为带来的结果有时并不符合教育者的期待，但相信他们的动机都是正面的，可以让我们无论身处何种环境，总是保持宽厚、非暴力的状态。有些父母为了改善孩子的学习效果来向我咨询，其实他们看待问题的方式本身就经常阻碍了问题的解决。举个例子，他们认为两岁的孩子挣脱父母的手跑开是为了“让他们生气”“孩子就是喜欢自己做决定”。或他们认为青少年凌晨2点睡觉、中午起床，是因为懒惰，青少年穿衣服的方式就是为了让父母“丢脸”等等。有些人不遵守集体纪律，老师就认为这些人“对权威叛逆”“为了吸引别人的注意力”，更糟的还有“就是为了被惩罚”……可是，如果我们认为每个要求所表达的都是一个需求，我们会发现不管有意还是无意，无论结果多么让人失望，我们自己和孩子做一切事情的动机都可以是正面的。

错误的诠释经常是冲突的来源

本章的钥匙在“有效教育”中是根基，因为它本身就能解决问题，同时能避免新的冲突。事实上，我们经常遇到的很多情况都是孩子在成长中必经的过程，可由于成年人的错误诠释，容易发展成冲突或重复出现的问题。

八到十个月的婴儿从高椅或安全游戏区把身边的东西都扔到地上，再叫成年人帮他捡起来，捡起来后又越扔越多、越扔越远，不断重复，很多父母就生气了，因为他们认为孩子就喜欢让他们“团团转”，喜欢把他们当作自己拥有的物品随意处置，或孩子将远处某个地方当作靶心而把玩具扔过去以引起成年人的注意，或孩子的动机非常有攻击性。成年人如何诠释孩子的动机，决定了他们对孩子的行为做出何种反应：威胁、不耐烦、对亲子关系的不安，或把孩子看上去不合宜的行为当作一种功能障碍。然而，扔玩具的行为对婴儿来说是个体化过程中关键的一步，他意识到自己可以跟物品分开，再找回来。在这个阶段，婴儿练习丢东西、抓住东西、用眼睛搜索消失的东西，这些在某种意义上都是为了跟妈妈分离做准备：就算他看不到妈妈了，妈妈也会回来的。您要是不帮他捡玩具回来，他就会哭，这不是“任性”，而是分离焦虑，只要把玩具找回来，他就平静下来了。不管怎样，就算他喜欢跟您玩捡玩具的游戏，也不是故意让您“多走走”，而是跟您分享他觉得有趣的事。

父母无法对孩子的每个发展阶段都很清楚，尤其在面对他们第一个孩子的时候。所以我总是建议父母，就算我们无法立刻清楚地知道孩子的动机是什么，但正面的动机总是存在的。教育者非常需要对行为进行诠释，不管行为本身多么惹人讨厌，我们都应该找到正面的动机，这样我们才能更有效地进行教育。

改变眼光

人脑总是根据已有的信息来应对自己的需要，并做出最佳选择。记住这个原则，重新正面地去诠释您所经历过的冲突或教育失败的场景中每个人的动机，您会重新找到激发创造力、进行有效教育、平静心情的力量。我最近认识了一个七岁的男孩，他的父母认为他做了太多“蠢事”而担心，例如他在洗手池里放满水直到水满溢出来、在父母床上抹巧克力酱、在厕所里点火烧纸……父母跟孩子解释了很多次“不应该”这样做，骂过、惩罚过，可是没有任何效果，最终他们认为孩子是因为得不到自己想要的东西故意这么做，或因为嫉妒“非常乖巧”的姐姐、“为了报复”而“故意给他们找麻烦”。他们这样的解释让自己很不舒服、很不安，孩子做的“蠢事”越来越多，他们的无力感就越来越强。家里所有人和周围的亲人都认为孩子的许多行为是有意识地故意捣乱，所以他们无法帮助这个孩子采取别的行为方式。这种思考模式本身就是一道屏障，让家长无法表达建立“有效教育”关系所必需的宽厚。此外，不断对孩子重复他很“可怕”“狡猾”“不乖”“很坏”等，孩子就朝着有害的标签态度发展，我们在前面的章节已经看过了。如果我们认同孩子所有行为的背后都有正面动机，并试着去满足其需求，我们就可以一起发现解决问题的方法，并建立“有效教育”的关系。几周之后，我重新见到这个家庭，父母非常高兴地跟我说：“您改变了他，他不再捣蛋了！”我回答说：“不，是你们看事情的角度改变了，这让孩子有机会活出他真正的样子。”

正面动机，逆风而行

成年人错误地诠释孩子的动机对亲子关系的损害非常大，这让关系中不再有同理心、同情心和深厚的感情。孩子越大，这些错误的诠释累积得越多，对关系的伤害越大，对孩子自尊的影响越大，也越容易耗尽孩子进行自我矫正、满足自我需求的内在资源。

当我们不理解孩子的行为时，正面动机这把钥匙就显得特别有效了，尤其面对青春期的孩子时，用正面动机去诠释他们的行为更加必不可少。成年人对青少年的评判在我们整个社会都被当作普遍认同的“真理”，许多媒体的反响也是如此，用惯有的刻板模式去定义孩子的这个预备时期，他们在这个时期要“逆风而行”，要开始独立自主，从家庭圈子中脱离出来，划定属于自己的自我实现空间。我们说青少年叛逆、懒惰、掌控欲强、自我中心……在家长看来，要跟青春期的孩子维持信任的关系，并快速重新适应他们的孩子非常困难，尤其是他们之间的教育关系原本就是建立在持久的掌控与被掌控之中。所以，家长很容易怀疑青少年的动机是否正面，认为他们所做的一切都是为了离开父母的控制，最终出现乖张的行为。我们用“青春期危机”描述这个时期，但从正面动机的角度来看，危机总是给处于危险中的不稳定系统带来改变，让系统运转得更好。“青春期危机”不是孩子的成长阶段，而是对于僵化系统的反应，因为这个僵化系统不再适应他们改变的动能，而这改变跟他们的成长有关，这个过程他们实实在在地经历着，我们需要陪伴他们。如果否认青少年的正面意图，只会加深相互之间的不理解，拉大双方的距离。

动机比结果更重要

如果我们认为孩子的动机总是正面的，并且动机比结果更重要，我们就不会对孩子失望，只会觉得结果也不是孩子所期待的。相反，如果我们臆测孩子的动机是负面的，那么就是孩子本身让我们失望。这里的区别非常大，对孩子来说，没什么比听到父母说自己让他们“失望”更让人灰心的了。害怕让人失望，不是前进的动力，而是进行实践和学习的包袱。尽管我们愿意正面地看待孩子的动机，我们仍有可能对一个行为产生的结果失望，但这样的眼光有助于我们在失望中负起自己的责任。五岁的小男孩单独待在车上等去买菜的妈妈回来时，用圆珠笔在座位的皮套上画画，他不应该为这个结果负责。一方面，他的动机是正面的：等妈妈的时候给妈妈画一幅美丽的画；另一方面，他缺乏足够的信息，包括可能没有人跟他强调不可以在汽车座椅上画画，尤其可能没有人告诉他在等妈妈的期间他可以做些什么。整个环境本身就利于他做“蠢事”，他可以拿到圆珠笔，而且毫无疑问他没有别的事可以做。在这种情况下，我们可以跟孩子说，对于这件事产生的后果我们非常不满意——没必要假装满意，但为了有效地让孩子从这个事件中学习，我们必须提醒自己：他已经尽他所能做到最好了。如果父母认为孩子在座位上画画是为了“表达等太久不高兴”或“惩罚妈妈回来太晚”等等，我们立刻就可以预见灾难性的场景：妈妈的愤怒带来暴力，孩子完全被吓到，因为这不是他预计会带来的效果，更不要提父母的这种反应[1]所带出来的有害教育模式。

1 请参考第七把钥匙：“没有任何一种暴力具有教育意义”。

讨论

问：感谢您的解说，内容非常吸引人。我家孩子四岁，总是重复犯同样的错，我跟他解释，他还是一副无所谓的样子，我该怎么做比较好呢？这样已经重复好几次了，我惩罚了他，而且无论如何，实在无法发现他可能有的正面动机。

答：重复犯错恰恰说明了正面动机的存在……而且这个动机一定非常正面，所以孩子就算多次被惩罚仍要继续违背您的意愿做下去！您可以具体说一下这是怎么样的“蠢事”吗？还有您是怎么惩罚他的？

问：他不去厕所小便，而是跑到浴室，小便在浴池里面。第一次，我没有惩罚他，而是骂了他；第二次也是这样；第三次我就罚他不可以看电视；最后一次我取消了他看电视和跟我拥抱的权利……我自己也觉得很难受。

答：哎呀呀……我发现您自己在讲述这个过程时，应该已经意识到了您的反应中所带的暴力。您的孩子在浴池里小便一定有一个很好的理由，可以跟他沟通，但不是问他为什么，因为四岁的孩子说不出为什么，他们说不出来的时候就会捏造出一个理由，您需要问的是“什么”：发生了什么？他是怎么决定去浴池小便的呢？是因为很急，憋不住了吗？是不是厕所里有什么让他非常害怕的东西，所以不敢去厕所？他知道去浴池小便会被惩罚，妈妈会不高兴，可仍然要去，所以一定有一个很好的理由。您一刻也不能觉得他无所谓或故意挑衅您，他一定有一个理由，而且这个理由让他宁愿接受您的暴力反应。

问：我意识到自己对孩子有多暴力，心里好难受。最后一次我问他为什么要这样做，他回答说：“因为我想这样做。”他甚至在做之前特意叫我来看，他很高兴这么做……然后他说很喜欢去浴池小便，因为很像“一条流动的河流”……可是我希望教他在马桶上小便。我该怎么说呢？

答：听从您内心的声音。若孩子感到在浴池里小便很有趣，到底有什么问题呢？除了您自己的担忧之外，这个行为本身的问题并没有大到让我们对一个在玩乐的小男孩使用暴力的程度。请您安心，他这个阶段一定会过去。他四岁了，正在发掘自己的小鸡鸡的力量，他觉得很有趣，可他不会一直到十五岁都在玩这个游戏！不要为此而惩罚他，取消那些惩罚，告诉他您之前没有明白原来对他来说这是件好玩的事，现在您已经放心了。他只要玩够了，就不会再在浴池里小便，到时您陪着他去厕所站着小便，跟在浴池小便一样好玩。您可以跟他保证，马桶的高度足以让他舒适地小便，他很快就会适应的。孩子总是无辜的，永远不要忘记这一点。

***

问：我有四个孩子，两个男孩分别是十六岁和十四岁，两个女孩分别是八岁和六岁。男孩们总是为了芝麻绿豆的小事互相吵架，也跟他们八岁的妹妹吵架，可是他们每个人都有自己的位置、喜好和兴趣。他们通常都是为了食物争吵："为什么你给他的比给我的多？"他们把比萨的数量算得清清楚楚的，喝了几杯气泡柠檬水、吃了多少薯条等。事实上，数量是完全够所有人吃的呀，我给每个人一样多的量。每天我都得忍受这样的场景："别坐我旁边，离我远一点儿，这是我的位置……"他们甚至可以到出手打人的地步。

答：青少年，尤其是男孩子，就像饥饿的怪物！他们对营养的需求比成年人还要大，每年要长高八到十二厘米，体重平均每年增加五公斤。饥饿，正如害怕缺乏一样，让他们变得具有攻击性。有时他们不见得是真的饿，可就是害怕吃的东西不够。您可以告诉他们，如果有需要还有很多吃的，或还可以加餐。这样会让他们安心。例如，您可以给每个人同等分量的比萨，再给男孩子们多一份面条。要是您分给八岁的女儿跟分给十六岁、十四岁这两个高大魁梧的儿子一样的分量，他们争吵也不奇怪，因为您儿子所需要的是您八岁的女儿的三倍！一般来说，兄弟姐妹之间吵架通常是因为父母想平等对待每一个人，就一碗水端平，但每个人的需求却不一样，结果就吵架了。您可以调整对待四个人的方式，不要再平均分配，应该按照他们的需求给予不同的东西，因为给两个需求不同的个体一样的东西，带来的不是平等，而是不公平。这很可能就是您那两个儿子的感受。

我还想补充一点，不要过多地让两个大男孩单独带两个小女孩，因为他们在这个年龄的兴趣跟女孩子分歧很大，所以不是他们有攻击性，而是本身就会产生冲突。大孩子粗暴地对待弟弟妹妹们，通常是因为成年人要他们照顾、帮助、理解、适应他们的小弟弟或小妹妹，但弟弟妹妹却常常把哥哥姐姐拉向“深渊”。您的青少年们正在展开翅膀飞向更高的地方，您需要给他们空间。请倾听他们说的话，不要认为他们是为芝麻绿豆的小事互相攻击，告诉您自己：他们有一个很好的理由，有一个正面的动机。回应这个理由是阻止他们打架最好的方式。

***

问：我四岁的女儿常常嫉妒她七个月大的妹妹。她变得非常有攻击性，每次我拒绝给她某样东西时，她都会说："你真坏，你不再是我的妈妈了，我不想要你了，走开……"然后她又会跟我道歉，我不知道该怎么办。

答：您可以说一下您怎么知道她嫉妒的吗？她说了什么、做了什么，您又是怎么回应的？

问：她的能力倒退了：重新拿起奶瓶，躺到婴儿车或她妹妹的床上，晚上会起来要妈妈抱抱，最主要的是她老跟妹妹比较："为什么你跟她在一起的时间更久？为什么你哄她睡觉要那么长时间？为什么你一直对她微笑，从来不会骂她？"她总是黏着我，故意使坏引起我的注意：打翻饭碗，上厕所时故意滴一些尿在马桶外面，这样我就会来照顾她了……最初几个月我老是骂她，可怜的孩子，我实在没有耐心了，接着她就变得很凶。她的老师把我叫到了学校，因为她打了两个同学；在学校里只要有人从她手里拿了玩具或其他东西，她就哭闹不停。所以，两个月以来我花更多时间跟她在一起，允许她倒退到婴儿状态，跟她说很多话，每天晚上都抱着她入睡，跟她说“妈妈很爱你”，让她担起姐姐的角色。这些都非常耗费我的精力，而我实在已经很累了，现在情况稍微好一些。但另一方面，对于她的攻击性行为，我仍不知道该如何回应。

答：您的女儿四岁，还非常小，她很需要您。她因为自己不能像妹妹那样吸引您，感到很失望。当她说“我不想要你了”，她真正想说的是“你不再爱我了”。告诉她，您仍然非常爱她，您的心在怀孕期间就开始变大了，里面可以装下您生命中的两个孩子。没有人会夺走她的位置，要注意这一点一定要是事实——要用实际行动践行这句话，例如，千万不要在她不同意的情况下，把她的玩具或衣服给她的妹妹；专门给她预备一个她妹妹不会去的个人空间。告诉她，您知道当她这样说的时候心里很难过，但不需要觉得内疚；她道歉的时候，告诉她您原谅她，您知道她爱您，她自己也不想生气的。您要更加注意她的情感需求，告诉她，她有权利生气，因为那是她的感觉，您并不会为此而生她的气，您知道她已经尽力而为了，这样的情况对她来说也很困难。您认为她嫉妒妹妹，可实际上她表现出的倒退成长是为了满足您——您本人——的一种行为。她认为比起较大的孩子，您更喜欢婴儿，因为她发现您对婴儿总是微笑，而对她却不总是这样。告诉她，您照顾她时跟照顾妹妹时一样，都感到非常开心；而关于您骂她却不骂妹妹，您可以说她有理由觉得不公平，您会尽量不骂她。[1]不要给她照顾妹妹的责任，但可以建议她跟您一起做一些事，告诉她，她有权利不想照顾妹妹，这不是她的工作，如果她觉得照顾妹妹让她开心，她可以自己决定帮忙照顾妹妹。您后来改变的方向是对的，继续倾听您内心的声音。

1 请参考第七把钥匙：“没有任何一种暴力具有教育意义。”

7

没有任何一种暴力具有教育意义

让娜坐在黑屋子里被罚吃干面包，

反正犯了什么罪。我责任没尽到，

这是渎职罪，去看流放的女囚犯，

并且，我在暗中悄悄塞给她果酱一罐。

——维克多·雨果（Victor Hugo）

所有个人、集体或体制出于自愿或非自愿的行为、言语、动作、技术或方法，只要其目的是为了压制或限制孩子，最终有意或无意地造成孩子身体上的伤害、情感上的被操控[1]，都是“教育”暴力的一部分。之所以还称之为“教育”，是因为我们存在“这样做还可以教育孩子”的幻觉，或是以教育为借口。

教育的暴力强调成年人对孩子的制度化操控，其中最核心的部分就是惩罚和奖励。这种教育以不同形式展现出来，但多多少少都让承受的孩子觉得痛苦，而使用这种方式的家长认为没有其他更有效的方式，被困于后续的连环效应，无力脱离它的影响。

当我们说到教育的暴力，首先想到的就是体罚、打屁股等肢体暴力，以及平常那些强迫孩子服从或惩罚、压制孩子

1 这种操控是指在别人身上制造另一种情绪状态，要么引起激烈的情绪，要么否认最真实的感受，这样的操控让人的大脑无法正常运转。

犯错的方式。尽管学校体制内早就已经禁止了体罚，这种肢体上的虐待形式在许多家庭中仍然非常普遍。的确，当问及父母关于对孩子使用肢体暴力有什么想法时，绝大多数人都认同“这不好”、对孩子没有好处、不是好的教育方式等。但是，当我去小学、中学跟学生讨论暴力这个话题，为了让他们更好地理解同理心是什么，我总是请“从没被打过屁股或被扇过耳光的人举手”，从未有一个孩子举过手！所以我们所有人都参与了教育暴力，我们需要开诚布公地来处理这个问题，以帮助成年人在日常生活中实践不应该对孩子进行体罚的理念。

尽管欧洲议会70%的成员国都在法律上禁止了体罚，法国的法律却没有明文禁止。体罚非常不利于孩子的认知发育，带来的伤害远远超过了身体的疼痛，不仅让亲子关系进入没有出路的死胡同，甚至会破坏人类社会的整体关系。

除肢体暴力之外，教育的暴力还包括了心理虐待，其中排在第一的就是惩罚。我们每天都可以看见这样的暴力，不管是在亲子教育关系中还是在教学关系里。科学已经量化了这种形式的教育带来的害处，[1]它却还在到处被滥用，不管在

1 乔丹·里亚克（Jordan Riak）在2009年6月发表的文章《体罚如何影响健康》（How punishment can affect health）特别提到了这种影响，这篇文章的法语版可以在“普遍暴力教育观察站”的网页（oveo.org）上找到。

家里还是在学校里都畅通无阻。

无论暴力教育的形式是什么，不管人们为了证明其合理性去如何“包装”它，暴力总是影响孩子的身心灵健康，破坏整个社会的和谐。

体罚

2015年3月，法国被欧洲议会指责没有明确禁止对孩子所使用的各种形式的体罚，例如打屁股。直到2016年，法国国民议会才通过了禁止对孩子进行体罚的法案，但成年人真正取消对孩子的体罚，显然仍是一个争议话题，这一点可以在以下的事件中看出来：2017年1月，在重新定义父母角色的修正案被纳入《民法》前，宪法委员会宣布修正案无效。

据统计，法国是欧洲教育暴力最为普遍的国家之一。法国民意调查局2015年3月的一项调查显示，只有7%的人完全赞成法律禁止对儿童进行体罚，70%的人“比较反对”。每个人都同意在法律上给彼此暴力相待的成年人定罪，其中包括打人、伤害、侮辱、威胁、骚扰等，并同意通过刑事制裁来处罚他们，可是绝大部分人无法接受儿童在遭受暴力行为时同样有权利被法律保护。看来，我们似乎有必要提醒一下，我们这个集体对每个法国同胞的个体行为负有责任，那么法律就是能让我们承担起这个集体责任的工具。我们怎么可能继续保护对孩子实施暴力行为的成年人，同时又期待他们改变对待孩子的方式呢？就算我们只是做“很小”的让步，也会在很大程度上将该行为合法化。根据法国国家健康与医学研究所的数据，法国每年有730个儿童死于虐待，即平均每天2个孩子！瑞典自从1979年以来就禁止了体罚，每年只有3人死于虐待，按两国的人口比例换算，相当于法国的20人。是因为瑞典人“天生”不如法国人暴力吗？当然不是，但他们每个人都受益于在全国取消父母暴力的集体措施和文化氛围。不管我们有无意识，从某种程度上来看，对孩子施行暴力是成年人的一种特权[1]。彻底放弃这种特权，不接受在任何特殊情况下使用暴力，是进入“有效教育”必不可少的一步。

暴力持续产生更多的暴力

那些拒绝放弃这种特权的成年人提出的主要论点恰恰是认为使用体罚能更好地进行教育，但体罚其实没有任何教育价值。打孩子、强迫其服从、惩罚孩子或因为自己在教育中

1 尤其在对待自己的孩子时，我们认为自己有这样的特权。但我们无法接受邻居对他的孩子施行暴力。

的无力感而在孩子身上发泄情绪，只会给孩子制造认知障碍，孩子能学到的也只有扭曲：先不提道德标准，为了得到我们想要的东西，[1]我们可以心安理得地在比自己弱小的个体身上使用强制力。除此之外，我们理应观察一下通过打孩子、推孩子、掐孩子、摇孩子、在他们耳边大喊、抓他们的头发等，我们到底教会了他们什么？

当成年人对孩子使用肢体暴力时，马上就变成了“怪物”，这个怪物变化无常、根据心情来决定是否使用暴力、伤害人，我们无法预知它的双手会抚摸人还是打人，它还让“我”相信暴力行为是“我”引起的，所以它是对的……当我们打孩子的时候，实际上我们也就教会了他使用暴力，他感受到的不仅是害怕和痛苦，将来他会在比他弱小的人身上使用暴力；同时为避免挨打，他还学会了撒谎、逃避责任。如果我们在孩子的整个童年时期重复使用暴力，孩子作为个体只能把这些行为合理化，在生活的各个领域复制这些行为。[2]这样的循环让世界持续处于暴力之中，充满整个世界的

1 还为自己辩护说：“我们的本意不坏”“这是为了他好”“我自己也从小被打屁股，也没死啊”……

2 这并不是说所有被打的孩子必然会成为虐待型的父母，而是暴力将永久地在他们的生命中留下印记，如果他们不想复制父母的暴力模式，就必须通过治疗或持续自我控制等方式面对自己，从暴力中获得解脱。因此，很多童年时期经受过暴力的成年人，无论他们经历的是哪种形式的暴力，我们都能在他们身上看到暴力残留的痕迹。

是高压关系而不是协商，是战争而不是分享，是在所有环境下都运行着的弱肉强食的法则。

此外，体罚最不利于自我建立的一点是它混淆了爱和暴力，学会接受爱我们、我们所爱之人的责打，这绝非无关痛痒。支配－顺从代表的整个体系将持续影响个体的内心世界和社会生活的各个层面。

不管出于这样或那样的理由（关于这些理由，我推荐您参考艾丽斯·米勒的研究），很重要的一点是意识到每个父母都拥有改变的能力，只要我们下定决心，坚决地摆脱暴力教育——我们或多或少都是被迫的。我很清楚这其中的困难，甚至连产生这样的念头都很难，我在咨询中每天都看到父母们有多么难以下这样的决心，因为我们都是这样被教育长大的，甚至我们都被格式化了。但我可以保证，这样的改变比您想象的要容易，只要您下定决心。当父母决定无论发生什么情况，坚决不再对孩子使用暴力；父母对孩子说出他们的决定，并严格遵守，就能够深层地改变亲子关系。于孩子，就像天空所有的乌云从此就完全消失了；于家长，这是一个教育关系更新的开始。当我们选择不再惩罚、责打孩子，在关系中就开始有了平等、聆听、同理心、信任等，我们就能逐渐恢复创造力。我们从人性的深处汲取爱、怜悯，（重新）成为一个有效的教育者。我鼓励所有的父母都这样决定，坚定执行，不再反悔。我也邀请我们当中已经做了这个决定却仍粗暴对待孩子的家长去寻找治疗师的帮助。

制度化的暴力

在没有肢体接触的情况下，暴力教育也存在，而且几乎每天都发生在所有孩子的身上，我们甚至可以说这是一种“日常”。这样的虐待行为是法律允许的，甚至被某些教师、心理学家、儿童精神科医生倡导。举个例子来说，这些人甚至解释说如何惩罚才“好”，我们通常不会意识到这些行为带来的恶性后果。

大部分家庭在教育中都倡导奖惩制度，还有孩子之间的竞争，学校里、社会系统中充满了这些概念。这些暴力的方法不仅无效，还适得其反，非常有害。然而当我参加某个会议或工作坊时，总有一些参与者维护惩罚或奖励制度，这两者基本上缺一不可。承诺与威胁、比较与竞争、批评与指责，这些方法美其名曰教育孩子“有纪律”，培养他们的“抗压性”，让他们更有“动力”、更好地“适应”社会，这样才能为他们将来“在这个暴力的社会中生活做好准备”。暴力社会由暴力的个体组成，这些个体宁可以牺牲智性、创造力、智慧等为代价，选择信奉强者的法律。这让我觉得必须要解释一下为什么需要禁止这些做法。

奖惩制度对于训练确实有效，因为训练是为了形成下意识的反应，而无须理解行动的意义。但这样的制度对抚养或教育孩子是行不通的，因为这些具有强烈情感成分的高压行为会抑制孩子消化、吸收知识的智性运作。即使孩子在这样的情况下仍能学得好，也不是这些方法有效，而是他们不得不去适应。事实上，人们确实可以通过惩罚或奖励孩子让他在短期内获得动力，例如我们可以应允孩子只要他不讲话或好好收拾房间，就会获得一块钱或一次出游的机会，这样的方法不会让孩子学到我们真正想让他学的事，一旦没有了惩罚或奖励，我们只能回到原点。研究甚至发现停止奖励后，孩子变得比没有奖励之前更加缺乏学习的动力。这意味着我们教会了孩子在威胁或监督下去做一件事，而不是让他拥有自发的动力去做事。

另一方面，奖惩制度和威胁承诺的教育方式不仅可能让孩子产生压迫感，还会使其持续承受着不断交替的挫折感和恐惧感；这样的情绪只会不断增强，因此还会迫使家长对孩子的一些功能障碍视而不见，同时（或者）放弃本来想要使用的教育措施。有时甚至为了避免惩罚过重或避免对孩子持续控制，父母要么无法满足孩子对奖励的期待，要么不得不放弃作为父母必须承担的职责。要知道，用这样的方式控制孩子，孩子越大，控制就越无效，而且很容易在孩子进入青春期后发生家庭分裂。与大部分人的认知相反，没有奖惩制度的教育更容易让孩子懂得自我约束，也让孩子更有安全感，取消奖惩制度比高压教育更容易让孩子遵守纪律。

此外，奖惩制度和竞争[1]最隐蔽的不良后果是教会个体关注各人得失、以自我为中心，而不考虑行为会给他人或环境带来的后果。这样，我们把孩子的天性转化成了对技能竞争的认同，如此教育出来的孩子，连着好几代人都会成为不负责任、只在意个人得失、对社会生活缺乏同理心的人。而这不正是我们现在的样子吗?

学校里不具名的暴力

广义的学校，即从幼儿园到高中，都大量使用奖惩制度。就算奖惩方式有很多改变，奖惩制度仍是从幼儿园至高中师生关系的核心。[2]我们现在很少使用小红花或贴图作为

1 我们会在第八章中解释竞争和比较是如何限制而不是激励孩子的发展，这种情况在学校里尤甚，因为学校是用成绩和考试来衡量孩子是否获得了知识。

2 除了那些有幸在替代性教育制度如蒙台梭利、弗雷内（Freinet）和动力学校等消除了暴力的体制内学习的孩子，或那些有机会受到“有效教育”训练的孩子。

奖励手段，也更少用抄书或留校作为惩罚手段——尽管有些初中仍在使用，而且我们也不再为了惩罚而剥夺孩子体育运动和课间休息的权利，这是法律禁止的。但另外一些教育措施，披着宽厚教育、非暴力教育的外衣，实际上却是不具名的奖惩制度。

我想特别提醒父母和老师，那些所谓有效的教育措施，被认为很“现代”，但它们只不过是披着创造性的外衣，实质仍然是奖惩制度。“技能腰带”“行为钥匙”“智慧火箭”[1]和其他一些措施，都是为了在班级里惩罚孩子的行为，没有任何实质性的教学意义。虽未言明，实际上只教会孩子被惩罚，却没有教会他们一点点儿认知的基础，包括该做什么及怎么做。这些教育方法在幼儿园和小学被广泛使用，并作为教育的创新措施呈现在父母面前，却与传统的直接指责孩子那些不可取行为的暴力教育不相上下。它们不仅无效，更对孩子的心理实施暴力，让孩子封闭在有害情绪的回响之中：顺从其实是因为伤心，叛逆是因为生气，逃避则是因为害怕，沉默是出于羞耻……

对于那些已经达到要求的孩子，这样的教育措施也无法

1 这些教育措施借由吸睛的外表、特别为此预留出来的空间和特别的仪式让人觉得非常好玩，根据孩子在班上的行为——以前我们叫“操行”，给他们以不同颜色或等级的奖励。

让他们进步，因为他们已经知道怎么做了，不被惩罚算是一种奖励，而一旦出现失误，他们就会被降级，正因如此才显出了这个教育措施的不协调。而那些在行为上无法达到老师期待的孩子，惩罚的刁难[1]加剧了他们与“达标”的孩子之间的差距，而非减少差距。您能意识到孩子需要花（失去）多少时间和精力去处理由此带来的负面情绪和处罚的后果吗？！这严重妨碍了他们真正学到核心内容，即有用的技能。

每周校方向父母提供结果报告，在孩子看起来就像是一种威胁，不管老师怎么建议家长不要看到这个结果就“吼”孩子，因为这样的报告看起来成功和失败的所有责任都在于孩子。[2]不是假装一种操作方式不带有惩罚性质，它就真的不是了。唯一有权感受到或证明教育方法是否暴力的人，就是孩子。孩子因为得到红色钥匙、黄色火箭或任何其他形式的惩罚而哭泣，他还会被告知：“不要哭，没关系的，这样你才能学得更好、下次做得更好。”这就是在惩罚上又加剧了暴力的程度。

---

1 如果孩子没有获得相应颜色的“火箭”，他们就无权参加某项娱乐活动；“技能腰带”则是根据他们获得的颜色给予额外的权利，即特权；“红色钥匙”有时候会让孩子免除某些原本能带给他们成长经验的职责等。

2 不然每个星期的结果都需要家长签名的意义何在？

承受惩罚对孩子来说是耻辱的标记，它会在孩子的生命中留下印记，妨碍孩子真正脱离招致惩罚的行为。一个孩子违反规则，有暴力行为，如打另一个孩子或不按课堂上的作业说明完成作业，他需要的是接受教育。也就是说，他需要的是学到该学的内容，学会如何去做，学习去理解、消化、整合、融入、归属，去自如地运用所学的内容，即行使自己的权利……惩罚只会阻碍孩子达到这些目标。惩罚永远不是一种教育行为，因为惩罚不会让孩子学到任何东西。惩罚让人害怕、痛苦、退步，它排挤人、羞辱人。惩罚带来谎言、隐瞒、操控、躲避、羞耻、复仇等，惩罚儿童是成年人用错误、低效的方式滥用权威，这确实是我们的特权，但我们不能忽视惩罚给孩子带来多大的痛苦！孩子哭泣、退缩在自己的角落里，他们害怕，他们哀求……惩罚表现出在教育中的无能和无力感，因为起点和终点都在原处！除了当下的影响，惩罚还让孩子在长大成人之后出现无条件服从的情况，这样我们的社会就会一直处于暴力、压抑之中。父母或老师决定不再惩罚孩子，就是释放孩子的智力，允许他们发挥自己的创造力，成为有自主意识的人——乐于分享知识、提升自我、活出卓越、发挥出自己内在最优秀的一面……这对所有人都有益处，这是改变世界。

讨论

问：问一个实际的问题，一个孩子总是跟他的妹妹打架，怎么能让他明白不可以这样做呢？我惩罚了他，我知道他懂了。因为我问他："你被惩罚了，你知道为什么吗？"他回答："是的，因为我打了妹妹。"我跟他重复了一下我们的规则："我已经跟你说过了，如果你打妹妹，你会被惩罚……"可是他还是打人，该怎么办呢？

答：你被惩罚了，因为你打了妹妹，但你知道这是不可以的，所以你被惩罚。——这正是惩罚不能真正教孩子成长的一个例子。惩罚带来的另一个不良影响就是跟孩子证明暴力是合理的：你打人了，所以你就得被惩罚。可我们试图达到的目标是叫他不要使用暴力！没有任何一种暴力是好的、合理的，所有的暴力都是无力感的表达。孩子虽然知道不可以打人，还是打了妹妹，他自己就是自身所施暴力的受害者：他只是换了一种方式来表达无法解决问题的无力感，无法解决就只好靠拳头了！他需要的是学习，这里所说的学习不是无数次跟他重复一样的东西以确保他"听懂了"，而是给他解决问题的方法。人类所有的行为都是为了满足需求。您可以设置一个利于表达关系的情境，让孩子同时可以满足自己特定的需要，也无法让“打妹妹”成为首选，这样他才能通过学习彻底地改变行为模式。

要做到这一点，有两个非常重要的因素，这两个因素都取决于您。第一个因素就是情境：作为成年人，您如何避开那些促使孩子打妹妹的条件。例如：不要让他们同在一个拥挤的空间内，让他们平等地使用某个房间多长时间；不要比较两个孩子，以免他们产生竞争；确保他们睡眠充足，不会无聊……或者不要暗示哥哥需要照顾妹妹，不要让他觉得自己对妹妹该负责任；还有很简单的一点，要确保他打人不是在模仿您……

第二个因素也取决于您，为了让他学有所得，要给他充分的信息。比如说，告诉他可以选择什么样的处理方式取代打人的行为；跟他讲明白生气或冲突的时候，我们可以在不打人的情况下清晰地表达需求；自己先做到不动手打人，给他做好的榜样；在跟兄弟姐妹相处时，给他留出表达负面情绪如嫉妒、愤怒、不平等的空间，而不是否认孩子的感受。[1]暴力始终都是施暴者因为对环境和自己感到无能为力而采取的行为模式。允许孩子去改变让他生气的事，让他感受到他有能力保护自己免受自身暴力的伤害。

***

问：我认为您的观点对实行惩罚的父母来说是非常片面的。惩罚是一个重要的措施，人类长久以来都在使用，在所有领域我们都可以看到在惩罚教育下长大后成为具有影响力的人物。我不喜欢这些把孩子过分神圣化的方法，那会让他们更加为所欲为。我宁愿让他们意识到成年人、父母的权威。如果把您的理论扩大，那么我们连监狱都得关掉了，因为惩罚犯人适得其反。

答：惩罚违反法律的人——请允许我不使用“犯人”这个词，免得把一个人跟他的行为等同起来，的确会带来适得其反的效果。据观察，坐过监狱的人比在教养所待过的人的再犯罪率高十倍！我们在这里谈论的是“有效教育”，无关乎政治观点或对价值的判定。尽管我的主题

1 大孩子打比自己年龄小的孩子通常是在试图表达他们遇到了困难。别人常常对他们说：“他很小，请对他好一点儿。”“把你的东西借给他。”“你已经长大了。”……孩子无法忍受不断重复的失落、嫉妒，最终只好用暴力来表达……

不涉及社会议题，但我们确实可以扩大“有效教育”的讨论范围，扩展我们的反思。

我的观点既不是片面地看待对孩子施以惩罚的父母，也没有“贬低”他们，我只是进行严格意义下的描述。毫无疑问，这样“原始”地描述惩罚带来的作用和效果对于现已建立好的秩序来说非常困扰，让大家觉得混乱，我很理解这一点。关于父母的定位，我的这些建议是二十年来跟许多家庭合作（而非对抗），并在学校、体制内承担一部分孩子或成年人的教育职责而获得的研究成果。我的田野调查也有很多其他学科的科学理论，包括心理学、教育科学、社会学、神经科学等做基础。我远非唯一一个推行非暴力教育的人，很多国家从事教育心理学研究的研究人员都推行非暴力教育，我们大力推行的教育观念却以把人往一致化培养为目的，这种教育的结果是保持不平等、维护权威而不进行开放分享。尽管如此，我们正在慢慢取得更多的进展。

惩罚制度确实已经使用了数千年，它建基在私有制和父权制的文化中，尽管不是所有文化都认同这种观念。惩罚制度建构出暴力、高压的社会，这样的社会遣送成千上万的年轻人去屠杀其他年轻人，还以自以为正义的理想为由；这样的社会把生活方式强加于人，强占物质、财富或空间。这种教育系统泯灭了我们在低龄孩子身上观察到的那种天然的同理心。[1]我们甚至发现因这种教育系统，孩子的平均智力正在逐渐下降。[2]如果我们想维持一个系统，在这个系统中一个人可以把另一个人折磨至死，还以为自己在顺从所倚靠的权威，或能因此获得金钱，那么惩罚确实是有效的。可如果我们不再想在这样的系统中生活，那么我们需要采用不同的方式，这就是“有效教育”在做的事。“有效教育”的效果非常显著，不仅让孩子获得应有的技能，还让孩子更加有纪律、更能自理、更有幸福感，也更健康。

---

1 很多学者的研究——包括德国莱比锡大学的马克斯·普朗克学院的费利克斯·华纳肯（Felix Warneken）和米夏埃尔·托马塞洛（Michael Tomasello），他们多年来对幼儿的利他主义进行了一系列实验研究；以及爱尔兰动物行为学家弗朗·德·沃尔（Frans de Wall）对初生的灵长类进行的研究——表明婴儿从十四个月开始，就会自发地帮助别人达成目标。我们因此知道了人类婴儿和灵长类幼崽在很小的时候就具备同理的能力。他们天生就有自发地帮助别人、安慰同类的动力。

2 哈佛大学儿童发展研究中心发表的一篇报告提到儿童的压力会带来不良后果。研究表明，一个孩子持续活在对惩罚的恐惧中，他所遭受的跟实验室白鼠持续接受电击毫无差别，孩子的大脑受压力激素控制，因此对孩子的情绪调节能力、攻击性、专注能力和认知功能产生长期的影响。此外，新罕布什尔大学家庭研究实验室的合作者、社会学家穆雷·施特劳斯教授（Pr Murray Straus）在2009年进行了对比研究，研究结果显示：被母亲打过屁股的两到四岁的孩子的智商比没被打过的孩子低5分，五到六岁被打过屁股的孩子的智商则比没被打过的孩子低2.8分。这份研究还显示出一个国家人口的平均智商跟父母是否在孩子青少年时期对孩子实行体罚（打屁股或身体其他部位）存在着直接关系。

***

问：我发现自己很难脱离教育印刻在我脑海和行为中的习惯。我心里非常认同惩罚的缺点，尽管如此，我仍然在跟孩子互动的时候使用惩罚的措施。

答：要放弃从童年时期就获得的自发机制是非常困难的，我很理解您。但是我建议您下定决心拒绝一切暴力行为，这样的决定能够激发您的创造性。在您做了决定之后，可能还是会使用暴力，那就马上纠正过来，跟孩子解释您所说的或所做的，是因为您正在改变，您在改善针对他们的教育方式。您可以请他们帮助您，让他们提醒您哪些行为是暴力的，还有您所做的承诺。我在陪伴一些家庭走过这个过程时，都让孩子参与，父母双方都签订某种形式的条约，而孩子正是条约的证人。这样我们也能让孩子明白，父母不是永不犯错的，父母也可以向孩子学习。这样做缓和了亲子关系。如果您发现不管如何努力，对您来说还是太难了，您可以向专业人士求助，他们会帮助您具体分析您无法突破且不断重复出现的情况，按照您的处境给予解决的建议。

***

问：如果跟孩子多次沟通一些界线以及禁止的事，孩子仍然不明白，要怎么做呢？有时候惩罚看上去是唯一的方式，当我们犯了严重的错误或做了错误的决定时，生活本身也会惩罚我们。

答：不，惩罚从来都不会是"唯一的方式"，我们总是有选择的，虽然要从我们习惯的模式里走出来非常困难，而认为我们毫无选择的余地就是困难之一。生活从来不会"惩罚"我们，因为惩罚让人以为只有痛苦过才能领悟某些事。我们所有的行为都带来后果：如果您抽烟，很有可能得肺癌，这不是惩罚，只是一种结果，对于得肺癌的恐惧不会阻止人们抽烟。相反地，因为孩子没有达到您的期待而惩罚他不可以跟您拥抱，这是您的选择，这个选择本身就有后果，您自己的痛苦并不会亚于孩子。

教育问题不只是片面的结果问题，我们可以通过惩罚让孩子立刻服从，这是出于承诺或威胁而获得的片面的成功，可教育问题比结果更广泛，这一切都取决于您想从所谓学习中获得什么样短期、中期和长期的结果。最终我们可以总结出一个最重要也是我认为最核心的问题：

“我希望孩子出于什么原因做我要他做的事？”如果回答是“我希望孩子因为害怕我强硬的态度，达不到我的期待而内疚，害怕让我失望，而不得不做符合我要求的事”，这样自然就采取惩罚的方式；如果答案是“我希望孩子做我要他做的事，因为这是他获得自己想要的、需要的东西唯一的途径”，这样的动机带来的是奖励。您会在这样的理念下继续施行惩罚、奖励、威胁、承诺、指责、批评等。可是，若答案是“我希望孩子学习是为了自己愉悦，是因为喜欢分享，同时提升自我价值、自主能力，从而获得成功的满足”，那么您将会发现惩罚、奖励等不仅无用，而且极其有害。在这样的情况下，我们用两个原则设立界线：模仿，跟他一起做您希望他做的事；还有尝试，放手让孩子尝试整个学习的过程，同时允许他犯错，因为我们正是通过错误来学习的。

***

问：您谈到的内容非常有吸引力，让人获益良多，但我得说有时我就是选择容易做的事。我五岁的女儿吃早餐拖拖拉拉，我向她承诺，只要快一点儿就可以穿她最喜欢的裙子，她听到就吃得很快了。如果我跟她解释上学不应该迟到，我也要准时去工作，她根本听不进去。有时我跟她解释，她听话我就高兴，不听话我就很难过。这样是不是也是用情感控制的方式让我女儿活在奖惩制度中呢？

答：如果您跟您的女儿说："快点儿，虽然有点儿难，但是我们快一点儿，吃完我给你穿漂亮的裙子。"这样就既不是奖励也不是惩罚了。可如果您用承诺或威胁让她以为她不快点儿就没有穿漂亮裙子的权利，这从学习的角度来说是有害的，这样您教会您女儿的是让行为受到承诺的牵制，而承诺只会限制她的自主性，如果有一天她认为漂亮裙子不再给她足够的动力，您就会回到原点。

您的第二个例子非常有意思，恰好说明了我刚才提到的重要问题："我希望孩子出于什么原因做我要他做的事？"您跟孩子说，如果她不听话您很难过，或她听话您就很高兴，这两者并无区别，最终都是让您难过，而您这么说的目的就是让她因为您难过而感到内疚，这对孩子来说非常痛苦，内疚感带来对自己的愤怒和低自尊。如果孩子习惯了在奖惩的教育制度中感到内疚，他的潜意识就会产生一种被惩罚的"需求"，以平衡内疚感。这样，孩子会做出与自己意愿相反的事，以抑制潜意识中寻求惩罚的意愿。我们称之为非预期后果。

***

问：我有五岁的三胞胎。他们上幼儿园大班，当其中一个画了一幅很漂亮的画、写了一个字母或一个词时，我就称赞他，说我为他感到骄傲，并且亲亲他作为奖励。当他没做成什么事，我就跟他说我很失望。总之，所有您说的不应该做的事，我以前从不觉得有什么不好。现在他们很好地完成了一项任务、收拾了玩具或吃完饭，都自己跑来问我是否为他们感到骄傲。我很赞同您的分析，也认为您的观点非常有逻辑，我意识到我的方法是无效的，我想知道现在如果不跟他们说“很棒”或跟他们表达我很不高兴，那么我该怎么做?

答：比如，您可以问他们完成一件事时，是否开心，如果他们觉得开心，您可以告诉他们您也分享他们的喜悦。如果他们没有做好某件事，您不满意，可以跟自己说他们已经尽力了，他们还需要学习才能明白怎么改善；然后问问他们的需求：为了做得更好他们需要什么？一般来说，问问自己为什么要孩子按照我们的需求做总是好的，能够避免孩子出于担心家长失望或内疚感或为了讨好家长而做事。孩子总是按照手边的信息和他们成长的环境尽全力而为。他们是不是累了、生气了？是不是有太多噪音？或许在这个当下他们不想做您要求的事，因为他们需要别的东西，可他们觉得被强迫了。也可能因为他们是三个人，其中一个人带头，另外两个就跟着了……如果您的孩子学会了为得到情感上的奖励而做事，那么不要剥夺他们被拥抱的权利，而是在他们学习的时候跟他们拥抱，表达您对他们的喜爱，让他们不会把“我做到了”跟“我被喜欢”连在一起，让他们知道不管他们的表现是否优秀，都不会改变您和他们之间的关系，他们是无条件被爱的。[1]

***

问：我一向非常认真听您的专题分享，您的观点与“以奖励为惩罚”一致。但说实话，应用在日常生活中非常困难。我的儿子三岁半了。就在今天早上，他拒绝吃抗生素，情况真的很难处理。看起来可能没什么，可是他必

1　我们会在第九把钥匙：“无条件的爱和在任何困难中的温情”中详细说明。

须吃抗生素。我试着平静地跟他解释了好几次都没用，最终只好提高音量，用糖果贿赂他，用取消某种权利和惩罚来威胁他……但还是没有用。他把药剂含在嘴巴里，只吞下一点点儿，然后把剩下的部分吐出来。这样持续了差不多半个小时，他爸爸和我都筋疲力尽、非常生气，尤其是看到自己的孩子如此固执，感到非常伤心和挫败。我们当时应该怎么办才好呢？

答：我们不可以让一个三岁半的孩子“理解”吃药对他的健康有益，健康对他这个年龄的孩子来说还是一个过于复杂的概念。但您可以跟他说您知道他不喜欢这个药，这很正常，药的味道真的很奇怪，他可能觉得恶心或因为不得不把药放到嘴巴里而生气，他可以说真的很难吃，很恶心很恶心很恶心！这样他能够表达自己的情绪，您就有机会安抚他。您也可以告诉他，把药吞下去非常快，然后就去漱口；如果有必要，他也可以把水吐出来——我们用有趣的方式让这个过程不那么艰辛。您自己先不要焦虑、生气，因为他感受到您不高兴，情绪会变得更糟。他需要您尊重他，听他表达，听您解释到底发生了什么事，而不是他为什么需要吃药。这些事先的解释让他知道您随时准备好跟他商量。而现在您被他拒绝吃药影响，也很害怕，虽然您也不愿意这样。惩罚和威胁只会放大情绪，而不是处理情绪。您的感受影响了他，可能他并不理解，但在他的心里会产生同样的情绪。他需要吃抗生素，因为身体有感染，可能发烧了或者哪里疼，已经很不舒服了……请尽量不要把您难受的情绪再加在他身上。如果对您来说真的太难熬，可以让您的儿科医生开粉剂或药片，这样您更容易加在苹果泥里给他吃。

问：您说得对，我们一想到要给他吃这个药就已经开始紧张了，我们事先跟他谈过，可我们自己的手都是抖的，所以这是一个可以预料到的“悲剧”！我把药给学校的老师，让他们中午喂他吃，他就毫无障碍地吃下去了。

答：如果他在学校可以毫无问题地吃药，那么就是您的焦虑引起了他的焦虑。放松，不要怕。您要在不怕他拒绝的情况下，坚定地给他吃药，给他足够的时间，不放弃，也不要担心做不到。让您的孩子感受到您理解他不喜欢吃这个药，您也没有试着用“这对他的健康有益”这个理由逼他吞下去，因为从这句话他听到的就是“这是好的”，可他的感受是这并不好！尽管他不喜欢，但是他没有别的选择，必须得吃药。您得很坚定，但不用带着暴力。

***

问：我是老师。我个人认为“行为腰带”和体制教学法结合使用是值得借鉴的方法。在体制教学法中，一个集体的所有成员一起思考如何参与学校生活；教导学生遵守和老师一起决定好的团队规则，也是老师的责任。

答：费尔南·乌里（Fernand Oury）[1]的体制教学法主要通过全方位的合作方案，由集体陪伴协助个体遵守集体共同决定的规则。“行为腰带”的做法，是老师除了体制教学法之外在普通教室里应用于一些学生身上。在这个教室里教育措施和内容都是事先决定好的，没有任何东西可以自行选择；而学生在其中获得的责任，他自己看起来是个人特权，而不是集体一起进步。这个教学工具已经被误用，彻底与它所参考的塞莱斯坦·弗雷内（Célestin Freinet）[2]的合作教学法的基本观念南辕北辙，而塞莱斯坦·弗雷内正是启发了费尔南·乌里开发出体制教学法的人。

1 费尔南·乌里（1920—1998）是体制教学法理论之父。体制性教育的目的是通过一些教育措施，包括“行为腰带”、“能力腰带”、“发生了什么”、班级合作会等建立学校生活的规则，并让成员遵守这些规则。乌里的原则是如果孩子认为课堂是一个参照点，是安全生活的地方，那么我们就可以通过自己的承诺、倡导等一起在那里解决问题，找到学习的趣味。

2 费尔南·乌里是弗雷内的学生。弗雷内教学法建立在让孩子自由表达的基础上，学校使用的教学用具全部来自实际生活，包括校园活动、自由的文本、自由的画作、学校之间的联谊、班级制作的印刷品和日报等。

我们现在用一个实际的例子来说明“行为腰带”或“技能腰带”的使用。例如：老师认为“好好走路，不可以跑”是学生必须学会的行为模式，把这种行为描述成“邮递员的职责”，邮递员的任务就是给同学发作业。实际上，如果问学生这到底是为什么，每个人都会解释：“如果在班里跑来跑去，我们就不能做邮递员了。”我们看一下这个方法潜在的教学优点，孩子能够学着去做，根据已有的“好好走路，不用跑”的榜样和自己在这个领域的尝试：自己怎么被人领着走路、如何成功地获得这方面的能力——从跑着到慢慢走。在班上还未学会“不用跑”的孩子，只是还没有学会这样的自发机制，需要学习和被引导。要让他们学会“好好走路”，惩罚是没有用的，只需要让他们不断练习，例如扮演邮递员的角色。在合作教育的背景之外使用“腰带”这个工具，学生不是通过这个工具在学习，即使他真的很想学。在成长过程中，随着经验的增长，如果环境允许，我们拥有更多自主权，也会使用得更好。在“腰带”的措施中，孩子们认为“职责”是一种奖励，我们只要观察一下学生被分配到所谓“职责”时的反应，您就能明白……

继续来说说“邮递员”，在班级里“好好走路”跟邮递员到底有什么关系？如何跟孩子解释如果他没有“好好走路”，就“不能”发作业？换句话说，“跑”到底哪里妨碍了“发作业”？为什么不在说明邮递员职责时就加上“必须同时走路”的规则呢？为什么要等孩子知道了怎么做才允许他去当“邮递员”？我们希望孩子获得技能，而“行为腰带”难道不是恰恰弱化了分配给孩子的职责吗？这个工具是为了惩罚孩子，而不是促进他获得能力……这些措施，不仅包括“腰带”，还有别的几种变体，都是奖惩制度，只不过没有说出来罢了，可孩子们心里很清楚。

***

问：关于奖励，我不同意您的说法。奖励制度是教育行为心理学的策略基础，它的效果有目共睹，尤其在激励一些发展迟滞的孩子身上效果尤佳。原则当然是引导制约[1]，而不是永久使用奖励。

答：作为教育心理学家、心理治疗师，我的工作包括研究个人发展和认知如何获得最好的结果。要获得最好的教育

1 引导是在个体不足以自发做出所要求的行为的情况下，为了使个体提高正确回应的可能性而提供的帮助。制约是在应用行为分析法（ABA）所使用的总体策略，可以让有需要的个体学会某种行为，获得独立完成任务的能力。

效果，仅仅完成任务是不够的，我们的目标是学会学习的方法，独立完成任务，以最优的方式全面发展。[1]而我前文简要提到奖励的两种限制，阿尔菲·科恩（Alfie Kohn）在其著作《用奖励惩罚》中都详尽论述了。一方面，奖励是带着悬念的惩罚，没有奖励事实上就是一种惩罚，尤其是当涉及情感奖励的时候；另一方面，在认知层面，奖励建立了不良依附关系，研究显示，随着时间流逝，它的激励效果越来越差，就像让人上瘾的毒品一样，必须得经常增加剂量，而“戒毒”让学习者丧失我们以为他们已经学会的部分技能。所以，独立完成某件事只是奖励带来的附属作用，我在前文也提到，奖励确实有可能“训练”孩子完成某项任务——我故意取了“训练”这个词的贬义意义，但从认知的角度来看，学

1 请参考第四把钥匙“每个要求背后都有一个需求”，这一章中提到了“马斯洛金字塔需求层次理论”。

习者要的只是奖励，而不是学会某件事。当您说孩子被激励，我们都很同意，通过奖励的承诺，同时威胁对方如果失败就会有某种不好的后果（这从宽容的角度来说已经不够“柔和”了），短期内很容易让人变得更有动力。您说到引导制约，我认为有必要强调一下引导的概念和惩罚的原则是完全对立的。在奖惩制度中，我们看到奖励和惩罚两者息息相关，并没有任何有效的引导。如果引导是有效的，奖励就失去意义了。在学习最优化的情况下，有效引导在学习过程中自然而然就停止了。在“有效教育”中，我们认为需求的评估及根据需求进行回应，就能产生动力。出现发展迟滞现象的孩子，同样适用于“有效教育”的原则：尊重他们的需求，最大程度提高他们的技能。[1]

---

1 我邀请您阅读玛丽亚关于这个主题的著作、托马斯·戈登的著作以及关注马歇尔·卢森堡的工作坊，就能找到这方面的例子。

8

无须比较，无须竞争

在学校，我们已经
彼此竞争
如猫狗相争
我们厌恶留级
倒数第一也好，尖子生也好
总是得再努力努力努力
争取好成绩
然后在白板面前哭泣

还不如做兄弟姐妹
珍惜时光
肩靠肩，肘碰肘；
我想象着
不需要太久
我们都是好学生
去他的学监
还有父母……

——安妮·西尔韦斯特（Anne Sylvestre）

孩子常常拿自己跟成年人、其他孩子、动画片里的人物，有时甚至是动物做比较，青少年文学读物就能证明他们经常拿自己跟动物做比较。他们用对比来认识自己是谁，在整个人格形成及技能获取的过程[1]中，以自己认同的形象做榜样。这个现象是健康、自然的，对自尊并没有伤害，只要孩子认同的形象不是让人产生压迫感或无法接近的。[2]但若成年人拿孩子跟同龄人比较，使他们产生竞争关系；或拿自己小时候的经历跟孩子比较以显示出自己比孩子优秀，例如说：我在你这个年龄的时候……就易造成伤害，尤其是用现在的成年人提倡的道德观，如勇气、努力、毅力、耐力等贬

1 这个现象通常是无意识的，会持续到成年阶段，有时甚至成年后还在继续。

2 团体共生方式——我特意使用这个词，因为它本身很具描述性。在这种模式中，孩子需要依赖父母为榜样，我指的是，例如天生失聪的孩子，其中大部分父母是健全的，所以不幸的是他所处的教育环境中通常缺乏可认同的成年人形象。我曾经有很长一段时间跟法语手语传授机构（LSF）合作，这个机构提供的特殊教育对失聪儿童的自尊和人格形成的伤害特别大，因为教育团队由完全健全的成年人组成，他们可以毫无障碍地用语言交流。大部分失聪儿童自动认为（有些孩子则会表达出来）：只有孩子才属于失聪群体（失聪群体正是有听力障碍的儿童的文化归属所在）；而成年人，他们是听得见的。所以这些孩子们得出结论：要么等他们长大了，学会讲话之后就能听得见了；要么他们在长大之前就死了。

低整个时代的孩子，说诸如“今天的孩子”“现在的年轻人啊”之类的话。

这把钥匙同样打开两扇门：一扇门通向兄弟姐妹和睦相处之道——这个主题在家庭咨询中可是屡见不鲜；另一扇门则通向孩子在学校学有所成和在社会上实现自我价值之道。兄弟姐妹之间的冲突，我们常常归因于嫉妒和（或）不公平，其实只要父母或成年人改变态度，就能解决一大部分的问题。有时父母并非有心要孩子之间产生竞争，他们更想让孩子们彼此合作，但父母的态度经常让兄弟姐妹互相较劲。在学习方面，让孩子之间产生竞争更容易带来负面效果。所以竞争不仅影响孩子的校园生活，还在全方位地影响着孩子的各种关系。

比较意味着什么？

“看看你的堂兄，稳稳地坐在桌子前吃饭！”“邻居妈妈有孩子们帮忙倒垃圾，她真的太幸运了！”“五年B班在全国‘袋鼠’赛中获得了第一名……”“我小时候，我妈妈叫我给她拿点东西，我可是高高兴兴地拿给她的！”“第一个吃完饭的就是冠军！”……您问过自己比较究竟能带来什么吗？我经常问来做家庭咨询的父母们这个问题。因为很多孩子都在我面前提到父母“总是”拿他们跟别人比，通常是跟兄弟姐妹比较。有时孩子甚至在我面前用许许多多的例子举证，父母经常不承认，这不是父母故意“撒谎”，而是他们根本没有意识到自己比较的频率和范围竟如此之广。他们要么直接比较，就像前面提到的例子那样；要么提到自己某个孩子的时候总是同时提到别的孩子：“医生您看，这个孩子很聪明也很乖巧，但仍有很多没有发掘的优点，因为他缺乏自信……他姐姐就自信得多……可是我在他这个年纪，也像他一样内向……”我认为在处理竞争产生的后果之前，我们需要先处理一些重要的教育问题，找到有效的方式来替代比较的习惯。

第一个问题需要父母来回答：把您的孩子跟他的兄弟姐妹、表兄妹、邻居等人比较有什么用呢？如果您这么做是善意的，您善意的动机是什么？许多被问到的家长回答说，他们只是“机械性”地这么做，并没有“反思”。想过之后，他们说自己从小就是这么被比较而长大的。

从行为的正面动机的角度稍微探究一下这个问题，我们得到三个常见的答案：第一，成年人，不管是父母还是老师，认为这么做主要是为了给孩子一个跟随的榜样，帮助他们学习一个比他们做得好的人；第二，根据父母的反馈，他们认为这样能够不暴力地让孩子意识到自己有能力做得好或更好，因为别的孩子做得到；第三，一些父母觉得比较自己的几个孩子能“激励”他们，换言之，让他们之间产生竞争，产生超越被举例的孩子的欲望，达到父母的要求。从正面角度看这三个原因，主要就是为了树立榜样，激励孩子行动，但这个方法本身就带着“无效”的种子。

比较阻止进步

首先，模仿是幼儿学习最有成效的方式之一，在整个孩童时期都非常重要。[1]而比较总是让孩子显得比被举例的孩子差，因为那个孩子比他“知道得多”，这样的方法会阻碍孩子进步，因为他们的认知领域充满了内疚、嫉妒、羞耻、愤怒、怨恨，根本不可能自然地按照他们看到的榜样去做。他们的潜意识把这样的负面感受跟自我否定连接在一起，那么，自然反应就是抗拒和否认。我们可以说“因为你姐姐知道怎么做，我们一起看一下她是怎么做到的，叫她来帮你一起做”，而不是“你看看姐姐做得多好”，这句话暗含“姐姐做得比你好”或“既然你姐姐做到了，为什么你做不到”的

1　请参考第一把钥匙：“我们会做的一切都是学来的。”

意思，言下之意就是“你没有意愿或你不努力”。在比较中，孩子听到的是：“姐姐比你更讨人喜欢，更配得到肯定，更可爱……”给孩子一个可以遵循的榜样，不是从他本身的价值上去比较：更好、比较不好、更多、更少、她是而你不是等。再则，比较不是个好方法，因为所有孩子都不同，每个人的学习方式也不一样。

学习的第二个向度，我们前文也看过了，[1]是尝试。在尝试中我们无法避免错误。每个孩子都是根据自己成功或失败的经历，从中吸取经验，调整自己以获得技能。拿他跟另一个孩子比较，比较经常带着指责的姿态，对他来说本身就是不公平的，因为他还没有学会，而比较却要求他在学会之前就应该知道。我已经说过了，向两个不同的人提出一样的处理方式带来的不是平等，而是不公平；用相同的方式评估两个不同的人的能力和技能也是如此。[2]

“我们每个人都是天才，但如果你用一条鱼是否有爬树的能力来衡量它，终其一生，它都会认为自己是个傻瓜。”大家通常认为这句对个体比较和标准化进行比喻的话是阿尔

1 再次邀请您参考第一把钥匙：“我们会做的一切都是学来的。”

2 这就是为什么评分和考试是教育的硬伤，我们在本章的下半部分会详细解释。

伯特·爱因斯坦说的。[1]用一句话总结，如果您每次都拿自己的孩子跟别人比较，认为自己的孩子不如人家“成功”，别人做得更好，您可能会很深地伤害孩子的自尊，让他认为自己很差。这样，您得到的结果不是让孩子进步，而是让他绝望。每个孩子都是独一无二的，即使每个孩子都有相同的能力[2]，甚至在同一个家庭环境中成长的两个孩子，也不可能获得完全一样的信息或条件。

比较对于被当作榜样的孩子来说同样也是有害的。一方面，他必须承担起做得更好的重任，免得您所说的与事实不符，[3]也免得他从被您抬高的位置上跌落下来；另一方面，被比较、觉得被贬低的孩子，也会抗拒与这个作为榜样的孩子的关系。被当作榜样的孩子是“妈妈的宠儿”“爱讨好人”“尖子生”，而您面对的是这个孩子根本没做什么讨好您啊，他只是被认为“更好”……不管是在兄弟姐妹的关系中，

1 并没有确凿的证据证明这是爱因斯坦说的比喻，这句话也没有出现在《爱因斯坦语录》（*The Ultimate Quotable Einstein*，普林斯顿大学出版社）全集里面。

2 这是神经语言规划（PNL）的前设：人类某个个体可以做的事，另外一个个体也可以复制，但每个个体都是独特的，我们做的事不代表我们这个人。

3 家长向他人或一个团体吹嘘自己孩子的能力时，孩子的感受也是如此。例如：一家人跟祖母、表兄弟一起吃饭，家长说“你们知道吗？他的数学成绩很好，全班第一名呢”，或“她弹钢琴时就像一个真正的艺术家一样”，或“他太聪明了，老师让他跳级了”。家长透过言语或表情表达的骄傲，其实是家长的自恋。这样的行为甚至比父母告诉孩子他“可以做得更好”或“这很好，但不够完美”更加无益。

还是在班级同学之间，[1]这样的不和睦对所有人来说都是一种负担。

竞争产生不公平

孩子之间的竞争让他们无法充分地发挥智力，智力本身就是靠着与他人的相处来发展、完善的。竞争让孩子们不得不成为对立的双方，其中一方必然是输家，因为另一方是赢家。这样的分级是反自然的，因为在认知层面上，所有孩子都是平等的。从婴儿时期开始，每个人都拥有一样的能力，即便每个人一出生很快就以不同的形态[2]和天赋[3]表现其能力。简单来说，就是每个人天生拥有的“容器”都是相同的，但储存的方式和内容物决定了最后的结果。所以是环境，即孩子能够拥有的，而不是孩子这个存在本身，造成了不平等。

所有的智力评估，也叫智力测验，都以衡量个人所获得的知识为标准，这样的方式轻松地扭曲了能力的概念，用

1 我们将进一步讨论在奖励—惩罚、比较—竞争这样的教育系统中必然存在校园霸凌和校园暴力。

2 生理和感官上的差异是即形态，而不是能力。这点很好地支持了一些人反对智力完全由基因决定的论点。

3 人类自从出生就开始学习了，学习甚至在子宫内就已经开始了。在子宫里，胎儿通过感官体验听到外面兄弟姐妹的声音，通过妈妈吃的食物尝到香料的味道，也通过发育而来的情绪进行学习。

技能代替了能力。阿尔贝·雅卡尔（Albert Jacquart）认为智商（IQ）不是评估智力的工具，而是对学业成功与否的一种预言。让孩子以为自己必须要比别人智商高才能学得更好，是藐视这个人的存在价值，片面强调他所拥有的，而他能拥有什么并不取决于他自己。歧视建立在个体不平等的观念之上，再加上集体责任心的丧失而被强化。我工作的一部分内容就是说明歧视的机制，让人明白这与政治正确有关，与教育科学和心理学都无关。认知能力由先天条件决定，这个概念是由统治阶级臆造出来的，目的就是为了阻止大多数人达到统治阶层，这样就能保证充斥着特权的等级系统继续运行：[1]成年人对孩子拥有特权，高收入阶层统治着低收入阶层，发达国家控制着殖民国家等，此外还有男人对女人的统治。[2]

1 时代在变化，飞跃发展的科学研究证明了人类个体之间的平等性，这令人无法再去质疑；而信息数字化更增加了信息的透明度，每个人都可以通过查询得到想了解的资讯。即使存在一小部分因遗传基因缺陷造成的认知能力不同的说法，还有待证实，我们仍然可以反思：一味反对学习能力大部分受环境影响这一观点，到底有什么用，又给谁带来益处？因此，卓越教育最深层的问题在于个人是否能够脱离这种认为孩子之间不平等以及孩子的表现与智力和天赋相关的集体信念。

2 这里引用了巴斯德研究所主任、神经生物学家卡特琳·维达尔（Catherine Vidal）在一个名为“大脑是否有性别？”的研讨会上的发言。她指出：如果把几何题目当作绘画考试，女性的表现跟男性一样好。反之，同样的题目，告诉参赛者这是数学考试，那么女性的表现明显比男性差很多。这就是典型的性别优势对智力的影响——间接地通过信念、自尊、令人崩溃的情绪等影响结果。

竞争产生隔离

此外，经常让孩子之间彼此竞争会导致孩子专注于个人、关注以自我为中心的利益，例如如何获得特权，而把与他人相关的事或对周围环境产生的影响，即分享和模仿，放在其次，从而限制了孩子学习的自主性行为。这样，我们就把孩子天性中的同理心和利他主义转化成了能力的竞争，由此把他们的认知发展限制于一个狭隘的目的——获胜。

让-雅克·卢梭在二百五十年前提出，人天生有利他主义的倾向，现在已由科学证实。在很小的婴儿身上就已经表现出这种利他性，很多科学研究已经证实了这一点，其中分量最重、结果最令人信服的是莱比锡大学的马克斯·普朗克学院的费利克斯·华纳肯和米夏埃尔·托马塞洛的研究，他们十几年来做了一系列关于利他主义的实验，有些实验被拍成视频并在大众传媒载体上流传。我们在这些视频中看到大部分两岁以下的孩子——参加实验的二十四个孩子中，有十八个在没有别人建议的情况下自发给他们认为有困难的人提供帮助，例如把掉在地上的东西捡起来，或有人手里拿着东西无法开门时，他们会主动帮忙开门。我们也在他们的研究中发现，孩子不断长大，利他主义的能力跟他们的技能也在同时发展，即增加所需帮助的难度系数并不会阻碍孩子帮助有困难的人。这二十四个孩子中剩余的六人，就算没有主动帮助别人，在别人提出要求的情况下，也会提供帮助。但孩子的这些利他行为，前提是除了行动结果本身，不能给予其他带来成就感或挑战的东西，不需要感谢，也不需要奖励。

实际上，只要我们在这些实验中对提供帮助的孩子给予物质上或情感上的奖励，或让其中两个人甚至更多人形成竞争关系，帮助这一行为就变得随机、混乱。即使他们的帮助行为需要合作，他们也不会团结起来，而是为了成为赢家，每个人都自顾自地行动，甚至加快行动，明显表现出有压力，并更多地去关注评估行为和决定哪个孩子是接受奖励的人，而不是去关注有困难需要帮助的人。从实验中我们也发现，孩子的关注目标转移、集中于奖励时，吸收信息的能力也会下降。孩子几天前在没有竞争的情况下可以做到的事，几天后在有了竞争的情况下却无法做到了。只要取消竞争条件，孩子又可以毫不费力地重新做出之前的行为。

将孩子以个体或以团体的形式隔离开，让他们彼此产生对立，会失去团体的力量，而公众的普遍常识是团结就是力量。而以双赢为目标，通过团体合作，个体能学到更多东西。

学校的竞争干扰学习

赢的诱惑同样影响大脑的运作。在这种情况下，大脑必须管理的不是学习，而是认知干扰，这就是在学校里竞争和奖励刺激这么有害的原因。考试或测验等知识检测，以及第三方给予个人的评分，是最差的评估系统之一。而且，这其实根本就不是评估，而是惩罚。

我在这里想谈论一下成绩或评估带来的暴力。这些评价方式决定了学生是否升级和班级的平均分，平均分虽然取代了排名，不像排名那么精确，但同样带着比较的性质。39%的学生证实梦见过考试及因此产生的焦虑；35%的学业有困难的学生身体情况变差，在考试前会肚子痛；此外还有学生出现考前维生素成瘾、咖啡因成瘾、能量饮料成瘾，甚至抗焦虑药成瘾的情况。单单这些情况，就足以让我们停止用这些方式对学生进行荼毒了，不是吗？但我还是要强调，我的主题还不是学生的幸福或孩子在学校的平等，而是“有效教育”。如果我们没有意识到竞争能产生这样的伤害，也拒绝承认这样给孩子带来痛苦，而孩子在学习层面确实收获匪浅的话，或许我们可以在“让人痛苦很值得”的基础上来总结，但事实并非如此，请看下文。

一方面，四十多年前，我们就知道了第三方给予的评估不能成为衡量是否获得知识的可靠方式。曾有研究指出，以20分为满分，由不同老师评分，同一份匿名考卷的得分从8分到18分不等，其中差别竟有10分之多。在平时测验的记分考卷中，研究显示，学生在学校的状态决定了他所得的成绩。同一份考卷，如果是以通常被认为学习有困难的学生记名，比起以平常学习成绩较好的学生记名，老师给前者打的分数比后者少3分（仍然以20分为满分计）。[1]

另一方面，统计数据显示，每年在每个班级，老师在任何一组学生中打高分和低分的比例几乎是一定的。孩子说得没错，当他们告诉您，自己的考卷不做任何改变，不同的老师给的分数就是不一样，他们无法改变什么，您可以相信他们。因此尽管数字被认为是精确的，可我们远远没有用数字客观公正地评估学生的学习进程。我们早该放弃“分数可以让我们知道孩子学到了什么”这种想法了。

分数带来压力

在学校，分数是孩子学业成功与否的衡量轴，很多在这样的环境中被养大的孩子在平时测验中无法展现出所学的知

1　理科类的考卷有3分的差别，文科类的考卷差别更大。

识，在大型考试中更是如此。在法国，平时测验并不意味着没有考试，而是以定期、常规的测试取代了平常上课的内容。每一次测验都带来压力，随着失败的经历带来锚定效应[1]，导致下次的压力更加被强化。孩子在测验期间表现得越差，下次测验的结果也会越差，这与他们平常做练习时的表现毫无关系。我每年接收几十个个案，都是由父母带来的孩子，父母希望我教他们的孩子“如何应对压力”，因为孩子们获得的分数总是与他们的实际能力不符。父母和老师都知情，孩子们自己也说，每次测验他们都会听到这样的评价：“真令人失望，你在课堂上做得很好的，一到测验时就发挥不出来，你得好好控制自己，学会放松，目前这样是不行的……”可是没有人打算改变评估的方式、改变得分的形式——我们总说分数能评估孩子是否获得能力，我们把孩子送到心理医生那里，让他们学会“应对自己的[2]压力”，好像消化压力是成为优秀学生必须获得的技能。而他们已经在很努力地去面对评分系统了，让他们自己消化压力是反情绪的。这有点像在招聘餐馆服务员或牙医的面试中，面试官对您说：“非常好，您很了解这个行业，但您可以

1　这是一种大脑把感官知觉与情绪联系起来的自发机制。由于锚定效应，人脑在一致的感觉刺激事件发生时会产生相同的情绪。

2　这样的所有格形容词很伤人。

一边做事一边单腿跳或一边仰泳吗？”所以，我们应该放弃分数可以“激励孩子更加优秀”这种想法了。

裁决的权力

除非您所在的教育系统不是用分数来评估学业成绩，否则您一定体验过，把给一个孩子评分的权利交给第三个人等于给他持久的裁决权力，何况这个人常常是同一个人。这个权力如此之大，以至于没有老师能逃过这样的诱惑：把权力用在别的地方，而不是用以衡量学生掌握的知识水平。各位读者中若有人恰巧在传统的评分系统中教学，谁敢说从未因为学生在口语考试中说太多或仪表不佳而给他的测验打低2分呢？父母们谁没有抗议过——孩子在历史考试或理科考试中由于拼写错误而少拿了1分这样的事呢？你们谁从未经历过或看同桌经历过因为被怀疑考试偷看而分数被除以2呢？因为考试迟到而得了0分也发生过吧？等等。尽管体制内的机构极力否认，但分数首先用来制衡教师与学生之间的权力关系，也用以平衡教师和上级之间的关系，因为教师也被上级监督、由上级评分。第三方评分不仅不客观，从评估效果来看也无效，还破坏了学生与教师之间的关系，由分数引起的学生之间的竞争也有害处，这一系统甚至阻碍我们采用其他更有效的评估方式。

至于其他与合作教育、弗雷内教学、蒙台梭利教育法、人文教育、民主学校教育等教育理念和方法相辅相成的评估方式，自然不同于大多数公立教学机构提供的方式，我就不详述了，它们全都比奖惩制度更温和也更有效。只是正在读这本书的您，可能只能被动接受您孩子接受的学校教育；如果您是教师，也只能按照所在学校提供的框架教育学生，让您遵循这些在法国仍然不普及的方式并做出您无法决定的结构性的改变[1]，显然是不现实的。除非您准备投资建立教学机构或投身于改革学校教学的组织的运动[2]中，否则您作为父母的权利也仅限于担忧学校强加给您的方式。这就是为什么从我踏上“有效教育”的旅程伊始，就尽力提供一些方法，让您去改变可以改变的事情，改善您的孩子或学生的整体教育条件，不管他们在学校里接受怎样的教育。

如何改变方法？

我的第一个建议跟上文提到的直接相关：既然成绩跟学

1 但我邀请您积极查询了解非暴力教学机构，如果您所在的区或住家附近有这样的机构，不要迟疑，帮您的孩子注册。需求越多，越容易推动整体教育体制做出改变。

2 我们还可以支持那些投身于这场“战役”——确实仅有一场战役——的协会。

校学习的内容没有太大关系，成绩显示的是学生回应期待的能力，所以我们就跟孩子诚实点吧！不要再让他们觉得花更多的时间学习，在学校的时间以外加倍努力读书、做练习，就能考得更好。三分之一的孩子，在学校更努力，得到的成绩却不好，这实在太不公平了！成年人一直要求他们花更多的时间、精力学习，使他们持续处于成年人的压力之中，而不是真正去培养他们的求知欲。但至少在家里，您可以让孩子免于承受“又懒又笨”的耻辱，不要再让他觉得“成绩不好，是因为在课堂上不好好学习”。

关于成绩及与之相关的一切，包括平时测验、考试、成绩单等，作为父母，您可以让孩子避开一切由您引起焦虑的事。例如您自己关于结果的焦虑、您的不安、您的投射和负面预言——如果你再不好好学习，肯定会失败……此外还有威胁——如果你第二学期没达到班级的平均分，将会是场灾难……还有指责——你没好好努力，所以做不好，没什么好惊讶的，就是你的错……能做到不因成绩大惊小怪，不使用任何形式的暴力，[1]等于就是把所有无用、无效的方法搁置一边，专注于孩子的需要，他需要什么来改善学习效果呢？

1 请参考第七把钥匙：“没有任何一种暴力具有教育意义。”

通常，这与孩子在家里的学习方式无关，而与孩子如何充分利用在学校的学习时间有关。就学业成绩而言，存在着一种极具破坏力的恶性循环，很多小学生都深陷于这种恶性循环之中，但问题在中学生身上更加严重。有些孩子在学校以外找不到时间、空间跟同学相处，也无法锻炼与人相处的能力，只好利用学校课堂、自习和课间时间来弥补未满足的需求，例如：聊天、大笑、玩耍、争吵、彼此友爱……在课堂上他们被强迫必须保持安静，他们更觉得无聊，需求就变得更大，所以他们在课堂上无法学到应学的知识，课后为了赶上学习进度，能够用来社交生活的校外时间、空间更少了，如此又加剧了需求，让他们在学校里更加感受到社交的缺乏，此种情况愈演愈烈。所以我建议家长在校外时间满足孩子的社交需求，不要为了学业而牺牲孩子的娱乐时间，例如这样的做法：你考了好成绩或做完了作业，才能出去玩。

家庭作业的问题

法国的法律从1956年[1]开始就禁止老师布置家庭作业，

1 1956年12月29日的政府通告规定“取消家庭作业或课业”，理由如下：“六个小时合理使用的课堂时间已达到最大限额，超过这些时间以外的额外工作只会给孩子带来疲劳，对身体健康有害，破坏神经系统的平衡。此外，在课堂之外、没有老师在场、实物条件和心理条件较差的情况下完成的书面作业，带来的教育效果是非常有限的。因此，不应给学生在课堂以外布置书面作业。这个规定是强制性的。”

其中包括书面作业、练习、课堂上尚未讲完的课或学生在课堂上未完成的作业。但许多老师把这条禁令搁置一边，有时甚至得到了家长的支持，他们都相信自己这样做是好的。然而，家庭作业挑战的甚至是义务教育本身和面对教育所有孩子都是平等的这一观念。

作为教学不可或缺的一环，作业决定了学习的成果如何，所以留作业等于把教学责任转嫁给了家长。孩子是否能好好地完成作业，取决于父母是否能结合所有的条件、能力和手段来帮助孩子准确、有规律地去完成，诚如拉封丹所说：取决于您是强大的或微不足道的……然而，学校的原则是给予所有人同样的教学内容，这样的家庭作业带来不平等，教育系统也没有对学生在学业上成功与否负起责任。

从认知层面来看，作业显然更加不合宜。事实上，作业最多、花最多时间做作业的孩子，恰恰是在课堂上学习最困难的学生。而我们知道，孩子有学习上的困难大部分是因为他们所处的生活环境，一般情况下是由于周围的条件不符合他们的认知发展，负面情绪的锚定作用阻碍他们平静地投入学业中。简单地说，这些孩子有某种跟学业无法兼容的状态，而这种状态是外界强加给他们的，并不是他们的理解能力有问题。我们在前文已经看过，所有的孩子都有一样的能力。他们只是被排除在学业成功的范围之外，无法进入教育系统渴望的模式，而且经常被错误地认为应该为这样的不适应负责。从逻辑上讲，在校外时间增加家庭作业，又怎么能解决这些本来对课堂知识就消化不良的孩子的问题呢？

在我接手“学校治疗”[1]的咨询个案时，我会根据孩子的需求和花在学业上的时间，评估康复的平衡点。这样的观察很有益：作业、补课、家庭与学校的互动几乎侵占了孩子所有的自然需求领域，包括孩子与父母之间的互动，如吃饭、睡眠的时间和质量，甚至影响了父母之间的感情……这样的压力带来许多暴力行为：责备、惩罚、刁难、喊叫，有时甚至动手打人……不从事教育专业工作的父母，只能在这个系统下屈服于学校、家庭、行政、媒体等的压力，成为赶跑学业失败的稻草人，这些我们还可以理解；但整个教育界如此藐视法律，迷途不知返，看起来这才是真正的功能障碍。

作为父母，如果您在孩子学校的教育方向上的话语权减弱，绝对是您的权利被忽视了，我们应该遵守“没有人该被忽视”的法律观念，这是毋庸置疑的。有些父母向我反映，在他们的孩子的身上，禁止给小学生留家庭作业这条法

---

1 我把治疗在学校或因为与学校相关的事感到痛苦的孩子的方法称为“学校治疗”。

律很难被遵守，我建议他们寻求在每个公立学校都有代表的家长委员会联盟（FCPE）[1]的帮助，联盟会维护家长和学生的权益，为了避免任何形式的报复，包括那些无意识的报复行为，家长不一定需要留名。

最后，给老师的一些叮嘱

在本章结束之前，我想特别叮嘱一些老师：你们所在的学校环境中，成绩和竞争是常态，可你们得在力所能及的范围内改变一些事。既然必须打分数，你们还是继续给学生打分数，但可以象征性地取消成绩。怎么做？通过转换成绩的首要功能，让它不再是老师与学生之间的权力平衡物，你们可以用成绩来建立信任和平等的关系。你们可以使用好几种有效、额外的方法。第一种，让你们的学生在课堂订正试卷时互相评分；也可以事先让学生想好自己要的分数，你们在考试前先写在试卷上，学生自己订正试卷后仍然保留这个分数，这种方式特别有效；[2]第二种，让测试不再是一种威胁，

1 家长委员会联盟在法国全国范围内的其中一个运动计划就是反对家庭作业。

2 学生需要一些时间才能适应这个新方式。一开始，学生会很惊讶，他们会选择接近自己平常由第三方批改考卷时所得的分数，但慢慢地，他们的自尊会被提升，自己给的分数也会越来越高，很神奇的是他们的考试结果会跟他们事先给的分数越来越接近，这也解释了前文提到的潜意识的作用。

例如在考试中忘记这个或那个数据就考砸了，或必须记住所有的知识点，或表现出复习了一整夜，等等，让考试不再是痛苦、挑战的一种文化氛围，让学生在考试前不再肚子疼，而是相反地，让他们知道在考试中可以彼此帮助，如有必要时可以翻阅课堂笔记，甚至您自己都可以给他们提示和帮助。第三种，学生必须确信不管考试结果如何，得到的成绩都不是一种惩罚。我鼓励你们使用集体评分或小组记分的方式，注意，我这里指的不是课外的小组作业打分，这种课外小组作业对学生来说组织起来很困难，每个学生的条件也不平等，这样的小组评分只会强化个人主义，让学生更感到不公平。我说的是在同等条件下，集体或小组在学校内完成的作业。合作教育不一定需要改变整个学校结构，我们很容易在现有的条件下实现这种教育方式，每个教师都能在没有体制支持的情况下应用在自己的班级里，当然，我们也很欢迎体制的支持。

讨论

问：我六岁的儿子不想认字，也不肯写字，在课堂上坐都坐不住，一直动来动去，一会儿都无法安静。只有在玩和画画的时候才能安静下来，学写字、认字的时候则完全相反。我们尝试了许多方法：比较、挑战、竞争、奖励……想让他努力认字。但听了您的观点之后，我意识到这些方法都是无效的，我也要告诉他的老师。

答：您可以跟他一起阅读，不要叫他自己读。坐在他身边，但不要坐在书桌前面，坐在一张沙发上或地板上，给他读一本带插图的故事书，他可以一边听一边看。尽量频繁地这样做，只要他愿意，就给他读。学写字时，一边握住他的手，一边跟他解释如果他愿意，您会帮助他学写字；或者也可以拿两张纸、两支笔，您写，他跟着您写。让这个学习的过程变成一个游戏，一开始字写得很大，然后一下子写得非常小，尽可能小，然后头歪在一边写，接着用金鸡独立的站姿写……发挥您的创意，孩子无法抵抗有趣的学习方式。让他安心，您自己也要放心，三分之一的孩子在第二个学期结束时还不会读写，他可能比班上的孩子平均年龄小，通常那些刚入学“坐不住”的孩子都是因为比其他人小几个月，老师必须得考虑他们较不成熟以及他们的需求。如果他在玩耍时能够保持专注和安静，就没什么好担心的。只要他可以流利地表达，睡得好，跟人相处没有困难，那就只是学习读、写的问题，这也是孩子刚开始坐在书桌前学习通常会遇到的问题。

问：事实上，他在小学一年级入学那一天刚满六周岁，他没有您说的其他问题，可是他的老师建议我们带他去看心理医生，还有正音科医生、精神运动训练师……

答：阅读是一个需要累积的过程，在某个点突然就开窍了，有点儿像孩子开口说话。您还记得吗？孩子结结巴巴、口齿不清地说着一些字，然后很快，可能就是短短几天之内，突然说得非常清楚，能说出完整的句子，咬字也很清楚。您或您周围的成年人越担心、越试着去说服他，他就越抗拒。如果您退一步，他就进一步。这样做不是为了挑战或挑衅，而是条件还不成熟。改变环境，不要活在学校给的压力和焦虑中，选择信任您的儿子，对他有耐心，阻力自然会消失。

老师没有资格跟您建议去看心理医生、正音科医生或精神运动训练师，更没有资格建议您同时去挂三个科室的号！如果您对孩子的能力有疑问，那么您的儿科家庭医生应该是第一个有权对您发声的人，因为他从您的儿子小时候起就认识他了，关注着他的变化，他才能决定您的儿子是否需要看专家门诊。无论如何，从您的描述中，我没觉察到任何值得我们拉响警报的事。首先您自己要放心，也让老师放心，跟老师强调孩子的年龄偏小，这是个非常重要的因素，要知道同一个班级里孩子之间的年龄差距可达一岁之多，其中的差别是非常大的！

问：谢谢！我可算是放心了，因为老师几乎每天都给我们压力。

答：可能是她自己觉得教导您的儿子很困难，这可以理解，但在这种情况下，应该做的事是把教育团队的人员聚集起来，使用学校的内部资源来解决问题，而不是建议去看哪些医生，因为老师没有诊断能力。无论如何，您可以跟儿科医生提及这样的情况，他会在必要时给您合适的建议。

***

问：我孩子八岁了，在班级里表现非常好，他的老师认为他是班上最优秀的学生之一，但很多同学都不理解他。最近，他竞选班长，虽然他的竞选演讲讲得很好，也很真诚，但同学们还是没有选他当班长。他接受这件事，但非常难过，因为没有一个人投票给他，一票也没有，他觉得自己被孤立、被羞辱了。这个孩子很聪明，也很低调，非常成熟，有时太成熟了。在这种情况下我该如何做呢？我们跟他说其他人不明白他的价值，他们不如他成熟，但这无法减轻他的难过……总体上来说，他无法忍受失败，不知道如何接受失败。

答：他难过、失望，都是很正常的，因为竞选本身就是不公平的、暴力的竞赛。不是他有能力、真诚就能赢得竞选，而是看他是否被人喜欢，是否有能力让人觉得他是最好的，是否有能力说服大多数人。您可以跟他说，如果他觉得难过，可以不参加这种游戏，他的感受完全合理。我们还可以问问班里的老师为什么要组织如此暴力的竞选，本来可以完全不费力地让每个学生轮流担起一些责任，这跟其他事情一样，也是一种学习。无论如何，您的问题恰恰显示了竞争和比较的负面作用，包括对那些出色的学生而言也是如此。您的儿子被老师偏爱，但这种偏爱是有害的——班上有最优秀的学生，就意味着有比较不优秀的，这样的分类一定会影响学生之间的关系。您儿子的同班同学排挤他，他是学生之间竞争的无辜的代罪羔羊。如果您继续跟他说其他人没有意识到他的价值，就是继续拉开他与同学们之间的距离。他很聪明，也很成熟，那么他一定明白这种竞争带着暴力，所有参与的人都被暴力影响。引导他去明白，有赢家就有输家，他的感受是完全对的，他不喜欢输，没有一个孩子在受教育的过程中应该感到自己是个“失败者”。您可以利用这次的竞选经历，让他明白，如果这次他赢得竞选，那么另外那些输的人就会感受到他现在的痛苦。分享、同理心对所有人来说，都是教育中最好的疗伤药物。

***

问：有时在同一个家庭中，我们用同样的方式教两个孩子同样的内容，但他们的学习效果是如此不同，我们忍不住不去比较。我嘴上不会对孩子说出自己在比较两个人，但在心里总是这样做。您说孩子们有一样的能力，但怎么解释他们的表现完全不一样呢？我注意到我六岁的大儿子，比四岁的小儿子灵活、聪明。我知道这是一种比较，但事实就是这样。可能我跟孩子们的父亲更关注第一个孩子，花了更多心思在他身上。您怎么看？

答：您的推测很有道理，但不仅仅是因为你们更关注年长的儿子，也因为他在两年之间独享了你们给予的空间和时间。不过您放心，比较年幼的孩子会以别的方式得到补偿，他们通常不容易焦虑，不那么完美主义，所以更有创造力；而长子会花更多的精力去满足别人的期待，回应父母和学校的要求。要知道，不只有一种"聪明"方式，有好几种"聪明"方式呢。[1]您大可放心，还记得前面的比喻吗？用爬树来衡量一条鱼的能力。他们的表现有差异，只是因为感官感受方式、喜欢的学习方式不

1 美国心理学家霍德华·加德纳（Howard Gardner）是"多元智能理论之父"，其理论反对传统智力测试，他认为这些测试衡量的只是被测试者回应学校标准的部分智能。霍德华·加德纳描述了八种类型的智能，即八种了解世界的形式。虽然这个理论的内容我不完全认同，但根据我的实际观察，多元智能的存在似乎是无可争辩的。

同，而不是认知能力不同，我们需要的只是去适应他们的不同。我们注意到的只是我们提供或强加的信息相同，结果却不同。能力平等并不意味着处理信息的方式相同，因此我们才需要适应孩子的不同，而不是对他们进行比较。

问：自从我和他们的父亲意识到他们的表现不一样，我们更加关心、关注小儿子，我们常常抱他、跟他玩，但我害怕大的那个觉得受伤。他跟弟弟在一起时掌控欲很强，我们要花很多时间保护小的。我发现小的在情感上需求很大，很需要我们陪伴。任何一个成年人，只要给他关注或陪他玩，他就会用令人尴尬的形式“黏着”这个成年人，只要这个人一离开，他就哭了。我的丈夫说这对男孩子来说不正常，他太敏感了，他想知道我们是否应该去找心理医生……

答：他还有比他小的弟弟或妹妹吗？

问：他有个两岁的妹妹，她很活跃，在家里占据很多位置，主要是爸爸很关注她。

答：那就说得通了，您的小儿子上面有个哥哥，不像哥哥那样有足够大的成长空间；又不是最小的，最小的享受的特殊待遇又给了妹妹。所以他所处的位置不是很舒服，只有窄小的空间。您说他不像哥哥那么敏捷聪明，他的妹妹又很活跃，您和您的丈夫担心他“少了这个”“多了那个”。为了补偿，您给他更多的感情和关注，保护他不受哥哥的掌控……这非常形象地说明您在潜意识里把您这个四岁的儿子关闭在自卑感里。

关于敏感，没什么是“对男孩子来说正常，而对女孩子来说不正常”的，或者反过来说也一样。要知道大脑没有性别[1]，但大脑有年龄。您儿子现在四岁，正是学习面对情绪的时候。如果成年人一离开他，他就哭，回忆一下我们前面说的情绪陪伴，把这些原则应用在他身上，直到他情绪过去。

为了让他顺利地度过这个阶段，我建议您千万不要把他往另一个方向推。当他黏着您的时候，不要推开他，千万不要想着这不正常而担心不已，在您所描述的这些情景里您看到的现象都非常符合逻辑。当他表达自己的

---

1 在《没有男性大脑、女性大脑，大脑是男性和女性的综合体》这篇文章中，作者清楚地解释了这一点。您可以在SOTT（时代的标志）网页上找到这篇文章的法语版。卡特琳·维达尔在一个研讨会上也发表了关于这个主题的见解，题为“我们的大脑有性别吗？”，她的演讲也发表在“油管”的TEDx演讲频道上。

需要时，试着满足他，而不是拿他跟其他人比较，口头说的或在心里想的，都不可以。例如："你不再是宝宝啦，看看你哥哥"或"你妹妹可以这么做，而你不行"。对您来说，他是唯一的，他需要感受到这一点，他需要知道他跟哥哥、妹妹一样让人喜爱，这不是意味着他要被宠爱、受到保护或拥有某些特权，而是他让您非常满意。就算您不表达出来，孩子也能观察到您的不安、失望、烦恼等。您可以跟他解释，家庭成员变多时，家里的空间将变大，房间、床、椅子的数量会增加，父母心里的空间也变得大到足以容下所有人，没有人可以取代别人的位置。每个人都有自己的位置，要留心其他人都尊重他的"领地"，包括不占用他的玩具、衣服、餐具、杯子等，也要注意别让年长的孩子拥有管理弟弟妹妹的权威。

以下是一些一般的处理方式，却能带来很大的改变。您可以跟您的丈夫说不要担心，尽他所能让孩子感受到父母按着他们各自本来的样子喜欢他们，爸爸并没有觉得他不正常。我重复一遍，他的状态很合理，不需要顾虑任何病理性的可能。哭泣、情绪的"爆发"都只表明了他某些需求没有被满足，我们要做的是分析哪些原因刺激了他的这些表达，相信孩子的表现真实地表达了他的需求，然后满足他的需求。解决方案在于如何处理问题，而不是如何处理孩子。至于“是否需要咨询心理医生”，如果您需要专业的意见，可以先去问您孩子的儿科医生，由他来决定孩子是否需要更进一步的检查和治疗。

***

问：我是一个小学老师，我的学生的年龄集中在十岁至十一岁。我希望改进与他们之间的关系，因为其中一些学生学习数学、阅读特别困难，我跟他们相处起来也很不容易。这群学生对另一些“好”学生的行为非常有攻击性，他们在课堂上捣乱，不让“好”学生好好学习。我不想继续用惩罚和排挤的方式对待这些学生。从长期来看，这些方法真的是无效的，面对这样的情况，我感到非常无助。

答：答案就在您所提的问题中：攻击性是竞争荡起的涟漪。一个班级中没有“好”学生、“坏”学生，只有正在尽力学习的孩子。给孩子的行为贴上标签，还为此惩罚有攻击性的孩子，加剧了他们与其他孩子之间的差距，这就是暴力。

怎样让这些有困难的学生感受到自己与其他人是平等的？在我看来，让他们享受到成功的乐趣，是一个不错的方向，给他们空间，让他们看到自己也有擅长的领域。他们肯定有擅长的领域。为此，我们必须消除学习中的“挑战”，如果答案就在眼前，所有人都会学得很好，甚至更好。如果学生无法单独阅读，就跟他一起读，例如让阅读困难的学生跟阅读流畅的学生坐在一起读；给学生必要的提示，促进合作；把不同学习程度的学生组成一组，给他们同样的分数……所有行为都是需求的表达，找到有攻击性行为的学生的需求，不带前提地回应他们的需求，您的问题就解决了。倾听他们的心声，理解他们，而不是分析他们的行为，是在关系遇到僵局时所能采取的最好的姿态。[1]

1 请参考第九把钥匙：“无条件的爱和在任何困难中的温情。”

***

问：我有两个女儿，一个五岁，另一个三岁。她们两个总是吵架，有时甚至会打架。在这时候我该怎么做呢？我不停地跟她们重复说不可以打人，但没有用。有时妹妹想亲亲姐姐，姐姐会直接把妹妹推开。这时，我也不知道该怎么反应。为了不采取惩罚制度，我在家里的白板上画叉，有时让她们看谁的叉更多。我现在知道这样让她们产生竞争是错的。

答：有好多种方式可以降低您两个女儿之间的嫉妒和竞争。最重要的是尽量经常性地把她们俩分开，给她们安排不同的活动，在家里给她们不同的游戏空间，不要给她们买一样的衣服等。姐姐推妹妹，是为了表达妹妹不是想亲姐姐就可以亲的，这没问题。通过经常让她们分开活动，教导您的孩子彼此尊重，让每个人都有自己的私密空间，千万不要逼她们“友好相处”，而是接受她们彼此的差异，不要因为她们争吵而进行惩罚。她们争吵，是向您表明她们有分开的需求，姐姐需要透口气，妹妹需要您自己来照顾。要注意，不要把照顾妹妹的责任交给姐姐。您的一个女儿打另一个女儿，要么只是不小心——我们无法预测、无法避免这样的行为，我们可以为此感到遗憾，但不是找罪魁祸首；要么您在白板上给自己打叉。五岁和三岁的孩子还没有能力自己创造一个适合相处的环境，这是成年人的责任。在孩子需要的时候把她们分开，不带暴力地处理冲突，即不喊叫、不威胁、不指责，给每个人表达的机会，不要找罪魁祸首。每个人都在事件中担起自己该负的责任，就能找到解决方法：如何一起解决问题？有什么建议？另外一个人的需求是什么？您的需求是什么？您将发现，这样就无须进行惩罚，或在白板上画叉。没有人应该得到一个红色的大叉，因为每个人都是在他拥有的信息中尽他所能做到最好，对您来说是如此，对您的两个女儿来说也是如此。放弃惩罚制度可以让您自由地找到非暴力的、有效的解决方式。最后，请记住，学习需要循序渐进，需要时间，需要不断重复。

***

问：我遇到的问题跟这位妈妈差不多，我的双胞胎女儿总是吵架，什么事都吵，连芝麻绿豆点儿的事都不放过……她们非常拒绝分开，如果给她们买的衣服不是一模一样的，她们就会争吵、嫉妒。这种情况该怎么办？

答：双胞胎的情况很特别，因为她们在胎儿时期就已经在一起了，她们几乎是同时被孕育，发展的步调也一样，至少直到学走路的时期都是这样。然后，家长就得慢慢把她们分开了，要避免混乱、产生冲突的沟通模式，这个分离的过程是必需的，这样您的两个女儿才能感受到在一起的快乐，同时也能尝到独处的快乐。您得时刻记着，两个孩子做的事情没有一件是天生就会的，而是学习的结果，即由她们的生活经验习得的。如果您想分开她们，减少冲突，首先在您的心里得停止把她们两个放在一起比较，分别对待她们时不要担心您会不公平。您得对自己有信心。争吵表明的是需要个人空间，但有独处的空间不代表永远不在一起，一步一步从小事开始分开。主要在于您单独对待她们个体的方式，如何处理与她们个体的关系，会让她们意识到自己是独立的个体，而不是融合在一起的整体。

9

无条件的爱和在任何困难中的温情

我们每天需要四个拥抱才能存活下来，

好好生活需要八个，

要在生命中成长则需要十二个。

——维吉尼亚·萨提亚（Virginia Satir）

我邀请您把这把钥匙当作解开所有教育困局的万能钥匙，杰出的开锁工具。请您深深记住，对孩子来说，感受到被爱，知道自己令人喜欢，是他在学习上获得最佳状态的前提条件。所以，我们应该摒弃所有以孩子的学习成功或失败来判定孩子是否值得被爱的教育方式。当孩子没有达到父母的期待，父母就限制给予孩子所期待的情感需求，[1] 这样做不仅无效，还会成为孩子通往成功的障碍，甚至让孩子完全无法通向成功。一个缺爱的孩子不懂得怎么爱自己，而不爱自己的人，容易无意识地强化对自己的负面信念，[2] 其中就包括失败。这样，孩子就处在恶性循环中，除非有无条件的爱来融化他——其中最自然的表现就是温情。

我们用“无条件”来形容这种爱，是为了跟“有条件”

1 您肯定注意到了，孩子在做“错事”的时候经常会跟父母索吻，要一个拥抱或希望听父母说“我爱你”，而他的“错误”，仅仅是没有听懂父母的说明，或忘记了一些事。

2 我描述的这个机制跟“第五把钥匙：孩子相信别人所说的一切”中提到的潜意识功能有关。

的爱做区分。前者是不管孩子的行为、情感状态、能力和技能如何，都让孩子感受到因为他就是他而被爱，后者则是孩子在满足了成年人的期待后才感受到被爱。

“只要……，我就爱你”这样有条件的爱带来的后果极具破坏性。孩子做了不合我们心意的事时，用情感隔离[1]的方式对待他们，单看后果就足以让我们决定永远停止这种行为了，而且没有任何一种情形可以让我们破例。有些家长跟我说：“说很容易，但要怎么做呢？”在互动的时候，选择同理心，而不是评判。但第一步，我们先来谈谈温情。选择温情，不仅对所有年龄段的人都是祝福，对孩子的身体、心理、人格、社交方面的良好发展也是必需的。

人类的温情有治疗作用

许多主要在美国进行的研究都表明：不管在任何年龄，深情的拥抱[2]都可以调整被拥抱的人的心跳，降低血压，降低压力对人体机能产生的影响——对结肠病和肠道疾病尤其

1 包括给他们“脸色”看，不跟孩子说话，不跟他们拥抱，假装没听到他们说的，避开他们——他们进入一个房间时成年人就离开那里，拒绝跟他们说“你好”或拒绝跟他们有眼神接触……

2 这样的拥抱至少要持续二十秒才能达到效果，二十秒是从大脑从分泌激素到在体内扩散所必需的时间。

有效，还可以促进好的抗体的形成，让人对疾病更有抵抗能力。从出生开始，温柔的肌肤接触、拥抱、爱抚和情感的表达可以促进宝宝大脑的发育。人类的温情会刺激催产素、多巴胺、内啡肽和血清素这些能让人感受到幸福的荷尔蒙的分泌。除此之外，还能促进消化，刺激副交感神经系统进而减少压力，提高睡眠质量，促进记忆，加速前额叶皮层的发育进而提高认知能力等。

研究观察到：在相反的情况下，完全剥夺母子或母女的接触[1]，即使只有短短几天，也会影响新生儿的发育，导致他们在几周内神经功能受到抑制，大脑功能退化，产生早期抑郁状态和可能的严重婴儿厌食症——食欲不振和拒绝进食。所以，婴儿经常被抱，跟照顾者——父母或照顾他、看护他的人——有肢体接触，尤其在夜间没有被隔离，仍有肢体接触，白天就不会那么烦躁，他们的体重曲线也更规律，不容易紧张，肠胃的消化功能也更好等。

温情是人天生的需求

在那些文明进程优先于自然状态的文化中，商品和服务

1 这个词专指母亲为婴幼儿提供的所有护理。这不意味着提供这种护理的人必须是把孩子带到世上来的人，不管是不是孩子的亲生父母或不管是男性还是女性，只要是一个或多个能够代替这个角色的人就可以。

消费所建构的社会会强加给我们特定的生活节奏和角色，我们便集体性地发展出适合于此的教育习惯。为了跟上这种疯狂的节奏，我们不断精确地计算时间，人类的自然需求退居第二位。我们建构或承认了一种主导式的言论，这些言论在媒体间广泛流传，往往让我们相信，要应对更糟的情况，我们“必须”采取适应反自然节奏的行为模式。然而，无论我们如何靠自己的灵活性、适应能力和强制力来满足在现代社会中的需求，我们天然的普遍需求，几个世纪以来却从没有改变过，只是回应它的方式不断在变化。

我强烈反对那些主张尽早让母婴分离的伪卫生主义者的言论，他们认为，婴儿从三个月开始，最晚到六个月，必须要有自己的房间，跟母亲分开睡觉。他们的理由就是这样可以促进婴儿独立发展——这明明是让孩子缺乏肢体接触，怎么可能让他更加独立自主、更快地成长呢？此外，他们还认为母婴分离可以保障夫妻之间的亲密关系，[1] 消除孩子“无意识的乱伦关系”“情欲冲动”的威胁，因为后者给孩子成年后的性行为留下后遗症……您以为这些言论是呓语吗？我向您保证，有些在媒体、妇产科、儿科、精神分析领域等行业工作的专业人士

1 他们混淆了亲密度和性行为这两个不同的概念，并且把两者融合在睡眠这个受限制的时间和空间内。

非常支持这些言论，他们摆出权威的姿态，打着“专业”的幌子，却脱离现实，没有考虑到家庭生活条件的多样性。

这些人或另外一些人提出与父母同睡增加了婴儿猝死的风险。我们知道，婴儿在趴睡、睡在沙发上、床太软或睡在两个枕头中间等情况下，确实容易因发生意外而窒息。我们可以提醒父母小心意外窒息的危险，[1] 而不是断章取义地把罪责推给睡眠时的肢体接触或与父母同睡，[2] 这样同时也是在藐视父母自身的分辨能力，仿佛他们是较低阶的存在，需要靠着我们讲述让人害怕的故事，才能使他们免于自己的不负责任。而父母和婴儿同睡，能够让所有人都愉快、舒服，并给双职工的父母减少因为工作的固有需要而带来的许多束缚。

强迫自己接受这些“教育”限制，违背自己的直觉，让低月龄婴儿自己在床上哭泣，承受由此带来的反射性压力和紧张，[3] 却美其名曰我们正在教他如何自己入睡，可我们已经在外工作一天，没有满足彼此所需要的温情，这可真是双重

1 例如，法国哺乳和育儿协会（Leche League）在《与宝宝安全共享床铺的七个条件》（“7 conditions pour partager le lit avec son bébé en toute sécurité”）一文中的建议就是如此。

2 这样的指责非常不正确，加利福尼亚大学欧文医学院与英国达勒姆大学关于共享睡眠的比较研究表明：父母与婴儿同睡，父母需要侧卧、常常醒来、睡眠更浅，母亲夜间多次醒来检查，这些反而可以预防婴儿猝死。

3 我们可以在法国哺乳和育儿协会的网站上找到威廉·西尔斯（William Sears）博士的文章《关于婴儿哭泣父母所需要知道的七件事》（“Sept choses que les parents doivent savoir à propos des pleurs des bébés”）。该文章详细说明了母亲在听到婴儿哭泣时的生理反应，其中包括催乳素的分泌，而催乳素会让母亲产生把孩子抱在怀中并照顾他的生理冲动。

的痛苦啊！至少，结束工作回到家之后，同睡能够弥补白天缺乏的彼此温柔以待；在夜晚，不管这样做是否符合这种或那种“方法”所推荐的，您的直觉比社会约束更重要！

建立关系，是最首要的事

关于母子关系或更广泛的亲子互动，我认为最重要的是就近原则、保证肢体接触，其余不应该再强加什么。对我来说，最可靠的指标永远就是孩子的幸福，以及如何在孩子与全家人的幸福之间取得平衡。没有任何一种教条可以说自己是真理，因为父母的家庭情况、社会情况、个人情况都不尽相同，更何况孩子的需求和要求也都不同。我看到太多例子：两岁半的孩子夜里跑到父母的房间，想跟他们一起睡，而妈妈为了避免与孩子同床，不得不一个晚上起来两到四次，把孩子抱回他的房间重新让他入睡，因为她相信“同床睡对孩子的发育不利”，因为“人们”[1]都这样说，“应该”耐心等待孩子“理解”每个人都需要自己的空间，等他“学会自己睡觉”[2]……可这个等待需要几次？需要多长时间？精疲

---

1 朋友们和报纸上、广播电台里的医生……

2 没有一个低龄幼儿可以睡一整晚而不醒来，他们一个晚上至少醒一次，两岁以前的孩子90%平均醒来两次，两至三岁的孩子60%平均醒来一次。他们每次醒来到再次入睡前的这段清醒时间平均为二十分钟，睡整觉只不过意味着他们醒来，父母不知道而已。

力竭的父母是否被告知需要好几个月都竖着耳朵听孩子是否哭了？这着实让父母的夜晚变成了噩梦！

我也接待过一些初为人母的女性，她们有产后抑郁的症状且情况一直不见好转，无法完全投入母亲的角色，无法与宝宝建立稳定的关系，而且困难越来越大。人们给她们糟糕的建议，让她们感到内疚，她们希望母乳喂养却被劝说放弃自己的想法，或反过来，被劝说母乳喂养却没有考虑她们自身的不情愿……她们无法感受到自己是个好妈妈，总是担心没有好好喂养宝宝。想象一下，除此之外，人们还对她们说：宝宝如果刚吃了母乳或喝了奶瓶里的奶，放回摇篮里就哭了，这时候去抱宝宝，就是让宝宝养成不好的习惯！还有抱着宝宝睡觉（好像几千年来没有别的方式让母亲的双手被解放出来，但仍可以带着孩子睡觉）是对女性的一种奴役，迫使女性只能为孩子服务而不能做其他事情，好像父亲或其他角色的人不能抱着孩子睡觉，好像母亲自己不能评估有空时做些什么才好。[1]

这些硬性的建议造成的后果是形成恶性循环，从父母和

1　1970年，研究人员西尔维娅·贝尔（Sylvia Bell）和玛丽·安斯沃思（Mary Ainsworth）研究了两个母婴组合。在第一组中，母亲总是以最快的速度安抚哭泣的婴儿，第二组的母亲则没在婴儿需要吃奶、刚睡醒或可以确定不舒服的情况下及时地给予婴儿回应。她们指出，一岁时，第一组婴儿较少使用哭泣作为沟通方式，而第二组婴儿则相反，他们哭泣的激烈程度和频率都在增加。后来，其他很多研究也证实了这个结果。

婴儿的需求都没有被满足，到互动中的不安全感，直至最后无法建立良好的亲子关系。婴儿在学会爬之前都需要被抱着，也就是在出生之后平均二百六十天，即九个月左右的时间，跟他还在母亲肚子里的时间差不多。在这之后，当他们需要的时候，父母还是应该抱着他们，直到他们自己觉得不需要或宁愿选择自己行动。没有孩子会因为懒惰或任性而要求被抱。[1]当然，这也并不意味着只要孩子一要求就应该抱他，如果您正在忙或您没办法，可以推迟抱他，或让其他人抱他。当孩子需要、您的情况也允许的时候，您可以自由地抱您的孩子，不需要感到内疚或害怕自己不够坚定，对孩子太放纵。据我所知，有些父母被指责“太听孩子的”而感到羞耻。只要我们“听得好”，就从不会有“听太多”的问题。

有条件的爱

当我问一些父母是否感受到自己对孩子的爱，绝大多数都回答他们毫不怀疑自己在任何时候都爱孩子，从未停止过，也从未失败过。[2]只是，当我问他们在什么场合表达对孩

1 请您回头参考第四把钥匙：“每个要求背后都有一个需求。”

2 偶尔有些父母会质疑自己是否有爱孩子的能力，他们无法感受到自己对孩子的爱。如果您也有这样的问题，我建议您联络治疗师，找出您的潜意识中哪个部分无法容下这种父母的爱，并且好好进行医治。

子的爱，请他们用模仿、语言或爱的姿势表达出来时，就完全是另一个问题了。通常他们都是在“赞同”时才向孩子表达情感和爱，例如表扬孩子的外表：对漂亮、干净、发型整齐、衣着整洁的孩子微笑；对手很脏、头发乱七八糟的孩子就噘着嘴或说令人生气的评语。奖励孩子的好成绩时，说着“我爱你，你是最棒的！”，外加亲吻、拥抱；转身又用嘲讽或赌气的嘴脸来面对孩子的失败。根据孩子是否做父母期待他做的事而给他贴上价值判断的标签——“你很好”“你很调皮”，这就是父母有条件的爱的运作方式。

这样有条件的爱，自然导致孩子为了感受到被爱而讨好父母，进而混淆爱和期望。有条件的爱引起孩子自我控制的自然反应，让孩子持续处于压力和警觉的状态。这样的孩子[1]总是害怕让人失望或伤害他人，在说话、做事之前焦虑地预想他人的反应，这抑制了他们的自发性；然后他们条件反射地或经过思考之后判断自己说的做的好不好，他人的反应是否表达了满意程度。

情感上的不安全感，害怕不被爱，不会爱，这些在我看起来都是在教育中用有条件的爱造成的不良结果。随着有条

1 有些成年人也有这方面的问题。我在治疗室接收过这样的个案，他们已经无法忍受自己继续这样做下去，必须经过治疗才能解决这个问题。

件的爱而来的就是低自尊，通常以第二人称单数的内心对话表现出来，其中充满了自我评判、自我贬低和消极的语言，如“你什么都不是”“你什么都做不好”“你不可能做到的”……这样会造成个体的性格非常脆弱、敏感、容易被操控、太“善良”而无法顾及自己的需要，以及不知道如何说“不”。

情感需求的剥夺

对孩子来说，虽然如我们在前文所看到的，任何形式的惩罚都是暴力的，但情感上的惩罚更有害。把孩子推开，拒绝吻他或抱他，拒绝沟通——如把孩子单独留下或在孩子讲话时假装没听到，更糟的是不注意他的在场或使用情感勒索——如“只要……我就爱你”“你太坏了”“你伤害了我”“你让我失望”……这些都是严重的心理虐待，无论在哪种情况下都不应该被当作一种可接受的教育方法。剥夺孩子情感需求被满足的权利，会让孩子陷入极度痛苦中，造成依恋关系的伤害[1]，这种伤害使得孩子对有安全感的回应变得非常随机，从而让孩子与父母之间的关系变得脆弱。没有父母会特地决定不用温情对待孩子，

---

1 在心理学意义上，与依恋关系相关的自然行为就是在孩子处于压力时，就近寻找“可依恋的对象”，即一个可以持续照顾他的人。

没有孩子应该活在无法享受父母温情的恐惧中。

无条件的爱

您可以放心，把您跟孩子联系在一起的，确实就是无条件的、持久的爱，除了我们上文提到需要治疗的特例之外。只是我们的沟通不总是“反应”出这样的爱，所以需要改变的是我们的反应，这相对来说是容易的。把爱看作一种需求，而不是一种感觉，您要给孩子的，是他所需要的。无论在哪种情况下，孩子还有成年人都需要爱，在他们失败、无法回应您的需求的时候，在他们不是很和善、很可爱、很乖的时候，更需要这样的爱。正是在这些时候，他们需要确信自己仍然值得爱，仍然是被爱的。

不要觉得“他很清楚我爱他”。要毫不犹豫地告诉他们，“我爱你”，“我很高兴做你的妈妈/爸爸”“我喜欢看着你，这让我满心欢喜”……孩子需要听到父母说爱他们，他们自己在被允许的时候，会说得很多，而且不会克制自己。有时他们跟父母对话之前，脑中浮现的第一个意念就是“我爱你”，他们也非常需要父母这样说出来。这样的言语表达在教育过程中非常重要，但非言语性的行为表达同样重要，对孩子来说，理解非言语性的行为没那么容易，这些行为也不会那么容易让他们感受到爱，但亲吻和拥抱除外。所以，不要拒绝在没有特殊情况或特殊事件发生时跟他们说“我爱你”，比如在早上醒来的时候、晚上睡觉的时候、去工作前拥抱他们的时候、当他们从学校回来拥抱他们的时候。当他们问您是否爱他们，不要让他们猜谜或用引起焦虑的答案回应他们，诸如“你认为如果我不爱你，怎么会在下雨天宁愿陪你去上舞蹈课，而不是把我在看的电影的结局看完呢？”“为什么你问这个问题，你怀疑我不爱你吗？”“爱孩子很正常，所有父母都爱自己的孩子”……

然而，我仍要提醒一件事：无条件的爱不是教育的内容，而是自我定位，是一个能够促进“有效教育”的选择。对孩子说出“我爱你”，不能取代对孩子的关心、您的在场、与孩子的对话、在学习过程中陪伴孩子等等。所以请小心，不要在某个暴力行为希望被原谅时或发生冲突时，为了逃避解释而以爱之名来弥补这些教育上的缺失。

最后，我还希望您在孩子没准备好接受您的爱的表达或需要个人空间时，尊重孩子的选择。我们不应该在孩子不想（与外界互动交流）、忙着玩或情感状态不处于接收状态时，强硬地拥抱他或对他说“我爱你”。无条件的爱，就是在任何情况下，随着孩子的心而动。

讨论

问：我觉得很内疚，因为我生气的时候会把我儿子推开。当我觉得很生气，觉得自己对孩子的温情已经消失的时候，该怎么办？我有时觉得自己不够爱他，觉得很内疚。虽然我知道这是暂时的，对他的温情会回来的，但还是觉得很内疚。

答：您把儿子推开，并为此感到内疚，这很正常。您的感受告诉您应对孩子的方式无法满足您，对您自己不好，也让孩子受伤。平常当您意识到自己做的事情不好时会怎么做？您就决定不再做了，也开始思考该如何用不同的方式去应对。我前面说的应该可以帮助您改变反应态度，并改用别的方式。

但我向您保证，在同样的情况下，我肯定也感到内疚。所有人都会犯错，我们都有疲惫、急躁、生气等“状态不在线”的时候，这些时候我们的表现会不如平常。错误帮助我们学习，您可以跟您的儿子说，您很后悔推开他，就算您很生气也应该采取别的方式，下次您生气的时候会注意不再这样做了，这是第一点。第二点，如果您只是偶尔这么做，而不是惯有的教育方法或已决定剥夺孩子享受您的温情，那么别担心，所有的父母都出过这类情绪反应的“意外”。内疚感的反面是责任感，责任感让我们在感到后悔的时候做出反应，而不是心生无助感和被定罪感。我所说的，是希望成年人明白剥夺孩子享受父母温情的教育方式是令人无法接受的。所有人都有偶尔做错的时候，事后也会感到后悔，改过来就好了。

***

问：我是老师，我的问题是该如何在自己的工作中运用这个原则，因为我们所受的职业教育和上司都告诉我们，老师的职责不是爱学生，而是引导他们，我们不能跟他们建立太明显的情感关系。为了保护学生和他们的家庭，我们必须跟他们保持一定的距离，不要把所有事情都混在一起等等。我的问题是，如何在跟学生没有太深的情感关系、不跟他们说“我爱你们”、不抚摸和亲近他们（即不使用您所说的情感表达方式）的情况下，让他们感受到无条件的爱?

答：当我去学校给老师做演讲时，常常被问到这个问题。在心理学研究领域，爱被认为是滋养满足感、促进喜欢的情感，它与依恋程度呈正比。因此，通常我们只爱亲近的人，包括爱人、家人、朋友，而且即使是朋友，我们也不会爱所有的朋友。但如果我们把爱当作一种普遍的需求和自我定位，它就成为一种与世界的关系，一种思考生活、实现自我的方式。在这种情况下，爱就不是保留给某些人的特殊情感，而是在自己的周围给所有有需要的人。这样我们就可以无条件地爱学生。更实际地说，就是我们投入但不期待任何回报，包括情感上的回报。密切注意他们的感受和他们所知道的，不管他们的能力、技能、突发的爱好、长期的兴趣如何，都不能改变您与他们之间的关系。当然，不能用情感上的奖励来激励孩子成功或用情感上的惩罚来制裁孩子所犯的错误。马歇尔·罗森伯格在他关于教育的研讨会上用吉他伴唱了一首歌——《看到我的美丽》(*See me beautiful*)。这首歌对老师或普遍意义下的教育工作者都很有启发，歌词大意是：如果你用爱的眼光看我，如果你寻找我身上最好的部分，你将从我所做的所有事中看到，即使有不成功的、失败的，我总是尽我所能——尽管这很难让人相信，我希望展现最美的样子，就像你希望在我身上看到的那样。

***

问：您建议把孩子留在父母的房间里过夜，但如果有好几个低龄幼儿该怎么办呢？我有一个四岁的女孩，还有一个两岁半的男孩。我该把他们留在我们夫妻的房间里直到几岁呢？

答：我的建议不是把孩子留在父母的床上，我主张的是直到孩子九个月大左右，父母与孩子可以同睡；在九个月之后，如果有需要，不要阻止孩子靠近父母睡觉，例如孩子晚上醒来跑到您的房间来睡觉，因为在您旁边有安全感，才能让他重新入睡。换言之，您可以按照您的意愿安排睡觉的事，比如说在父母的房间里每个人都有自己的床，或者安排一个大家共用的房间或独立的房间，都可以，重点是必须考虑到晚上孩子如果醒过来，不应该让孩子一个人在自己的床上或房间里哭，如果他自己跑到您的房间，也不要阻止他。即使有两个孩子，我的建议也一样，但要安排更大的睡眠空间，以免大家睡得不舒服而对孩子心生怨言——“他太占地方了”。

***

问：我的丈夫需要高质量的深度睡眠，他怕睡眠太浅导致第二天很累，所以他反对跟孩子一起睡觉，因为他无法接受在睡觉的时候还要保持警觉。我觉得我可以去宝宝的房间睡，免得每天晚上都要起来四五次。您怎么看?

答：您提的这个问题可以让我补充一些技术层面的细节，安排与宝宝一起睡觉的时候不应该把宝宝放在父母的中间，最好是父母中的一位跟宝宝有肢体的接触，好让他觉得舒服、有安全感，这样父母中的另一方可以好好休息，所以父母两人可以轮流着陪伴宝宝。也就是说，如果您的丈夫因为害怕睡太深而伤到宝宝，所以不喜欢陪宝宝睡觉，只要你们夫妻双方达成一致，就可以告诉彼此，陪孩子睡觉只是短暂的几个月，为了夫妻之间的生活，尽量安排好这一切，那么就可以了。照顾宝宝的责任一天持续二十四小时，我们不能把他晾在一边，要么是您的丈夫，要么是您自己，总得有个人照顾他，“让他哭”这个选项不是一个好的处理方式。如果您的床不够宽大，睡不下三个人，无法保证宝宝在你们的床上安全地睡觉，最好您去宝宝的房间睡，这样您的丈夫独自在一边睡。[1]

***

问：我的儿子十岁了，他经常对我说“我爱你”，可我丈夫总是嘲笑他，说他是“妈妈的小亲亲”。他从不对孩子说“我爱你”，他认为没必要说出口，孩子们看得很清楚，他们知道他爱他们。我是否应该说服我的丈夫更直接表达他的爱呢？

---

1 这里我想解释一下，因为有人可能会把我所说的诠释成对夫妻亲密关系的忽略、对性生活的影响。当女性需要照顾低月龄婴儿，我们的整个情感中心几乎就是做好母亲，分娩之后如此，哺乳期间更是如此。这个过程可能持续很长时间，也会改变夫妻关系的本质，所以常常影响性欲，导致夫妻之间容易发生冲突。在夫妻关系治疗中，我经常问他们的问题就是“你们的关系是怎么恶化的”，得到的答案经常是：“自从我们第一个孩子出生后，我们的亲密关系很紧张，并且几乎没什么性生活。”这个主题不在本书的范围内，但我仍希望小小地“推”你们一把。我注意到母亲性欲下降的主要原因是孩子在她附近，她担心孩子醒过来，担心发出声音，有时会困惑地觉得自己正在背叛母亲这个角色。所以我建议夫妻特别保留一段时间来享受性关系，晚上的时间就安心睡觉。可以专门把孩子托付给另一个人，夫妻去单独约会，享受二人时光，就像孩子还没出生时一样，花时间经营爱的关系。

答：在您采取行动让您的丈夫更多表达他的爱之前，您可以想一下，或许在他眼中，“我爱你”应该是恋人之间才说的话，所以他才会跟您的儿子开玩笑说他是“妈妈的小亲亲”。对您的丈夫来说，跟孩子说“我爱你”很丢脸，所以在儿子对您这么说时他也觉得尴尬。为了您的家庭凝聚力，也为了避免您的儿子不理解——爸爸嘲笑他，而妈妈保护他——您最好先接受丈夫的保留态度，认同他有别的表达爱的方式。观察一下他如何表达对孩子的爱，或许他会用手捋孩子的头发或抱他；也可以建议他说一些更容易说出口的话，如“我很高兴你在这里”“你高兴的时候我也很开心”；您也可以应用我们前面学的这些内容，用宽厚的方式对待您的丈夫。这样可以避免您的丈夫和儿子之间形成对抗的关系，以及他们之间可能产生的嫉妒。此外，您还可以跟您的丈夫解释：儿子之所以经常说“妈妈，我爱你”，是因为您自己从他小的时候开始就常常这样对他说，他学会了用这种方式表达爱。如果爸爸允许他这样说，他一定也会常常说“爸爸，我爱你”。

10

“有效教育”从不嫌晚

做成年人最棒的地方是

任何事情都可以自己做决定，

而孩子却不能。

——南希·休斯顿（Nancy Huston）

自从我开设“有效教育”工作坊以来，很多参加的人经常担心自己过去在与孩子的关系中没有按照自己所预期的那样宽厚地对待孩子；从我开始在互联网上发表文章以来，这样反馈的人更多。许多案例、个人的经历分享和小组中的交流，启发了一些人意识到自己对待孩子的方式是重现了一种压迫性的统治，他们隐隐觉得有些事不太对劲，虽然他们那么做不是出于有意，也尽力根据自己拥有的信息竭力做到最好。[1]这就是我坚持不断重复、强调应用“有效教育”原则的原因：学会方法，即在知识、硬技能和软技能上都应用自如，能让父母从愧疚感中解放出来。在我看来，愧疚感只会阻碍我们做出改变。当您感到内疚，您仍被困在过去，您反复检查您的错误，后悔不已，聚焦在您的不安中，无法离开；而对自己负起责任则恰恰相反，选择负责可以让我们从

1 来参加“有效教育”工作坊的人，跟来我的咨询室的人一样，对于自己与孩子的教育关系不满意，他们意识到有些东西不太对，个人也试过多种方式去改善，但总无法完全达到期待。因此，他们向外寻求帮助。

错误中吸取教训，并改正错误。这样做意味着我们清醒地观察过去做错的事，同时彼此原谅——当我们决定修复关系时，原谅就显得容易得多，最终我们就可以着手改变。“有效教育”，就其字面意思，从一开始就表明其目的不是进行道德评判或说“好”“不好”，而是为达到所期待的目的找到可能性。所以，如果您在教育孩子的路上还没有达到自己设立的目标，那么就有必要为了实现目标而改变一下方式。这正是这最后一把钥匙要开启的大门。

在这个改变的过程中，有两个指明方向的坐标轴。第一个是平等，平等让成年人不再用压迫行为来对待孩子，而是采取一种平起平坐、非控制性的姿态。第二个是团结，团结把所有人凝聚在相互支持的关系中，在这样的关系中，竞争和冲突不再有其意义。这两个坐标轴以同理心为主要发动机，以爱为燃料，最终趋向一致。

平等，任何年龄都适用的普遍原则

为了全人类的利益而捍卫成年人与儿童之间的平等关系，一点儿也不容易。尝试为此而战斗的男人和少数女人经常被归类为“乌托邦主义者”。他们被当作与现实脱节的人，仿佛只存在一种现实，而这个现实是不可改变的；他们被说成是不严肃、蛊惑人心的人……总而言之，就是不负责任的人。马歇尔·罗森伯格说过，当他倡导人人平等时，包括成年人与儿童之间也是平等的，为此遭受的暴力比任何时候都多。所以我总是等到“有效教育”的最后，才讲到这个最主要的部分，因为到了这里，我的观点的实用性、可行性和严肃性显然已经不须赘述了。

雕刻在所有学校大门门楣上的口号“自由、平等、博爱”，为什么平等隐含着某种例外呢？“自由、平等、博爱”，不包括十八岁以下的人？我们必须达到某个年龄才需要这些价值？在某个年龄之前，我们可以不用实践这些价值观？人们可以剥夺我们享受这些价值的权利？成年人可以不用平等对待孩子，他自己也无权享受这种平等带来的乐趣？当然不是！要让教育变得有效，一些基本原则的学习其实很早就开始了，而且最好的学习就是通过经验和榜样，正如我们前文所提到的，所以孩子与成年人之间的平等是我们所做的普遍宣言的必要条件。除了赋予孩子与成年人一样的地位和权利，我们没有其他方式来实现这一口号。

我还是简短解释一下不在本书主题范围内的一些概念。前文已经提过，给孩子同等的权利和地位，并不是不考虑他们的需求而一律给予同样的待遇，而是情况恰恰相反。给婴儿喂三明治显然不是让他与父母平等的做法，这样做带来的是不平等。我请您再去参考专门写比较和竞争的那一章，其中我详细解释了孩子之间平等的原则，这些原则同样可以应用在成年人与孩子之间。教育不是指把孩子拉扯成人而已，这样的观念把儿童时期简化为一种“自然”，即认为不需要我们去建构一些成长所必需的条件，成为成年人是一种自然现象；教育应该是允许所有个体——每个人的本质都是一样的——可以在强者生存、强者享有特权的法则所建构的社会中毫无限制地发展起来。

如何建立这种平等？

为了在您和孩子之间落实平等，就应该放弃作为成年人固有的特权。成年人有无数这样的特权，因为根据法律，父母拥有对待孩子所有的权利，而反过来，孩子对父母没有任何权利。他们不能自己决定吃什么、穿什么、住在哪里、做什么，甚至连想什么、说什么的权利都没有！成年人的“统治”覆盖在儿童生活的各方面，且持续不变，而给予儿童自由则是成年人的特权。

儿童每次被要求服从命令/禁令，或做出不符合自己意愿的决定时，成年人就享受着被赋予或没被赋予、由自身角色所带来的权利。成年人与孩子“谈判”，孩子问“为什么”，成年人只能明示或暗示说：“因为做决定的人是我。”很明显，在这样的教育关系里，强权关系占主导地位。回想一下您自己还是孩子，在这种劣势地位时的情况。很多年轻人，包括现在正读着这本书的您，追忆已逝去的童年，又藐视成年人的世界，[1]并非因为作为儿童时比较幸福、自由，而是我们的教育在引导、纠正和指导时，扼杀了儿童的自主性、创造力和纯真，而这些是人类的天性。[2]在法语中没有一个词可以单独描述“成为成年人”的状态，没有adulteté、adulterie、adultation[3]此类单词，因为成年状态本来就是存在流变的过程。

占支配地位的成年人行使自己的权利，并享受特权，通常不去质疑这种建立在年龄优势上的特权，以及自己成长过程中所获得的教育经验固有的本质。如此一来，三岁的孩子会非常骄傲“自己不像小宝宝那样哭鼻子”，五岁时嘲笑自己三岁时做的“傻事”，十二岁时鄙视“读小学的小屁

1 文学和影视作品中充满了童年理想化的视角，其中强调的却是儿童处于劣势地位以及成年人对儿童的支配。

2 如果学习是有方向的，由经验所滋养，就不会受成年人的眼光所左右。真正的自我可以存在、被丰富并被表达出来，这样所获得的知识就是好的。

3 这三个词都是以法语adulte为词根表明状态的名词，是作者造出来而字典中并不存在的词。——译者注

孩”……此外，学校按年龄分段的结构强化了这种机制，这对所有人都极其有害，因为通过这个机制，我们教育孩子，不是爱他们的当下状态，而是急于令其进入其他状态。

至于教育者，放弃成年人的特权是一种“去格式化”，给孩子最大程度的选择自由而不影响他们，相信他们有自主能力，完全尊重他们的需求和对成年人的依赖，当然，这并不意味着在孩子表达自己需要帮助的时候仍让他一个人去面对困难。在与孩子的关系中实现平等并不意味着完全没有依赖关系，而是在没有先验经验的压制下可以享受自主权，这样的自主权是孩子的需求，而不仅仅是成年人或社会的普遍需求。[1]平等可以让我们建构一种相互依赖[2]的关系的教育模式，教育不再是自上而下、把孩子当作一个空壳、依赖于无所不知的成年人来给他们浇灌知识的体系。

平等产生团结

看清平等之后，与之相辅相成、保证“有效教育”全面落实的另一个向度就是团结。只要我们意识到自己跟他

---

1 这个社会武断地决定孩子满了十八岁可以开车，而满十四岁可以开农用拖拉机……

2 保罗·瓦兹拉维克是这样定义相互依赖的：“我们都知道，依赖就是一个人依附于另一个人。当后者也同样依附于前者，并且两者之间互相影响，我们就说这是一种相互依赖的关系。”

人的关系是互相依赖，并且（或）在某个特定环境下我们有共同的责任（尽管他人想的、说的、做的并不一定合我的心意），那就让我们与他人保持团结一致。把这个原则应用到教育中，团结就是一种定位[1]，避免我们把孩子丢在一边，去处理与他无关或他还无法掌握的问题。与孩子无关的问题指的是教育本身的要求带来的结果，而孩子之所以无法掌握一些解决方式，则是因为环境不是他们能够掌握的，而且（或者）他们缺乏处理问题的信息。教育中的团结包括这样想、这样说或做："不管发生什么，不管你怎么想、怎么说、怎么做，我都跟你在一起，不管失败还是成功，我们一起为此负责。"

同理心，需要被培养的天生的情绪

能够驱动亲子关系、师生关系、成年人与孩子或成年人与成年人之间的关系在平等、团结的道路上轻松、有效地前

1 应该指出，从历史的角度来看，这应该是一种重新定位，因为团结是来自各个层次的所有生物的自然反应，其中包括了我们人类，只是在历史进程中由于受生产主义影响而被推崇的一些教育模式，使我们远离了这一天性。这些模式让教育与天性对立起来——让教育建立在人的本性需要被调教、被纠正才能使人成为超越其他物种的优等生物的基础之上。在我看来，人类的去团结化正是造成生态系统被破坏的根源。我们可以通过让人们意识到生态系统的破坏就是自身的问题，甚至可以让人类为此感到内疚，以阻止情况继续恶化，但没有什么比在教育中恢复团结这一概念更有效的了。

进的，就是同理心。同理心是一种天生或自发的情绪，[1]让人从自我中心、对某个主题的观察和分析中走出来，开始关心另一个人正在经历什么，让人尤其在意他人的感受。通过努力不自我投射或自我认同（“如果我是你，我会感觉到这个，那个……”），努力把自己排除在外（我能理解[2]你的感受），不在意自己的利益、意愿、痛苦等。

同理包括两个层面：身体层面，需要同步[3]带来情绪的同理；心理层面，需要通过对刺激事件（即带来情绪反应的事件）的分析而理清感受，带来认知的同理。在有效教育中，这两个层面相辅相成。我们可以通过一些练习让同理心成为孩子在所有互动中的一种自然反应。

我特别强调：同理心不是“镜像”共振，不是跟他人的情绪状态同步，也不是自己也产生痛苦的情绪、为自己而痛苦，不是以自我为中心。同理心的情绪不是让两个人面对面更加靠近，而是并排一起走。

---

1 如前文引用的莱比锡大学的研究证明的那样，我们可以在婴儿的身上发现同理心的情感，学者弗兰斯·德·瓦尔（Frans de Waal）的报告中也指出许多哺乳动物都有这种情感。

2 从词源学的角度来看，“同理心”这个词的拉丁文包含了“和”（cum）、“拿、抓住”（prehendere），所以从字面上看就是“一起拿、一起抓住”。

3 同步是在无意识下进行的。当您看到有人打哈欠，您也会打哈欠。我们可以通过采用同样的身体姿势、脸部表情和某人的态度来刺激同步的发生，这种外在的模仿能让内心产生相应的感受。

很多时候家长问我，孩子生气时，如何让他感受到同理心？实际上，愤怒是非常强烈的情绪，我们很难与之对抗，就算我们成功地将其压抑下去，对我们自己也是一种伤害。所以，我的建议是家长先暂时离开那个环境，等愤怒的情绪过去。

然而，我们可以通过认知同理心感受到愤怒。大多数时候，我们对另一个人目的的判断会引起生气的情绪。例如，当发现别人不听我们的话，我们的诠释是自己没有被尊重；别人没听到我们说的，我们会解释成他没在听我们说；没有享受到特权地位应有的好处，我们理解为没有被爱……“有效教育”的这些钥匙，可以帮助我们永远地改变惯常的解读方式，同理心就变成自然而然的流露，甚至孩子也耳濡目染地学会了同理心。

要成为有效的教育者，育人育己，永不嫌晚，因为教育是一种必然产生共享利益和（或）负面影响的关系。由此我们推断出，要成为宽厚的父母，任何时候都不会太迟，所有的孩子不管在哪个年龄段都可以觉醒过来、快乐成长。儿童状态，就是一个被建构的条件，取决于您如何建立您的家庭、班级或人际关系，当然，还取决于集合了平等、自由、有意识于一体的人类天性。

结论

坚持不懈，直到成功；

精益求精，

时而增加，经常删减，

天赋是不断发展的态度。

——安托万·阿尔巴拉（Antoine Albalat）

我们一起读这本书读到了这里，我希望不仅激起了您使用这套方法的愿望，也让您了解了如何简易、愉快地操作“有效教育”，希望这个教育方式能让您幸福。

有时在“有效教育”工作坊的咨询快结束时，一些父母来找我，他们很担心为了建立新的家庭习惯、采用新的运作方式，“必须”进行改变。我回应说，没必要被“强迫”做些什么，我们总是有选择的，[1]教育进展取决于具体应用这个方法时所走的每一步。[2]所以，对于来找我做治疗或咨询的人，我总是告诉他们不要看抵达的终点，而是关注在当下要走的每一步，从最初的第一步开始，一步一步踏实地走。我也告诉他们，正如我在这里要告诉您的一样，只要您开始启

1 马歇尔·罗森伯格在一次关于非暴力沟通（NVC）教育的专题会议上说道，我们做任何事都是通过选择而做的，但高压教育总是让孩子和受此教育长大的成年人相信，他们是因为义务而行动，他们没有选择，他们是被强迫的，等等。这个信念被话语强化，通过让行动者推卸责任，让受害者相信这是命运，他们无能为力。这样一来，就把所有类型的暴力行为都合理化了。

2 我认为非常需要强调，教育关系虽然经常出现在家庭中，但并不是一直持续的。我们无须一直保持警惕，以为只有如此才能让孩子持续学习，获得有用的经验。有时我们也可以选择在非必要的时候，暂时放下教育者的角色。

动并且也喜欢“有效教育”的方法，您看待孩子的方式将不同以往。新的眼光改变感受，让您在面对同样的教育处境时不再有一样的反应，所以您可以相信，从现在开始，仅仅通过把目前拥有的这些资讯印刻在心里、脑中，[1]情况就能自然而然地发生改变。我也建议家长用对待孩子的宽厚来对待自己。请允许我在最后添加一点，“有效教育”的原则也可以延伸到成年人身上，在所有我们感受到有育人育己需要的情境中。如果儿童状态不是建构在身份的等级结构中——正如我们前文所看到的，那样的结构是一件束身衣——那么儿童状态的极限在哪里？如果人类摆脱了支配和高压关系，进入平等时代，那么我们所有人——孩子与成年人都可以没有隔阂地一生持续生活在互相教育的关系中。

例如，您可以从头开始阅读这本书，但这次您不要把自己放在与孩子或学生的教育关系中，而是您跟配偶之间如何互相学习、分享生活的关系中，更广泛地可以代入您想要与其建立包括重建或改善关系的人之间，不管目前的处境已然怎样。无论如何，我邀请您观察自己的行为模式，使用“有效教育”提供的信息和内容以及这些章节中“讨论”部分的

1　您可能已经注意到了，有些信息已经在脑中让您“倾向”于某些观点。那些信息印刻在您脑中，往后在您遇到一些情况时就会跳出来提醒您。

例子，自信地把某些行为模式列为改变的目标，无须感到愧疚或沮丧！

我同样邀请您把所读的内容跟孩子分享，当然，要根据他们的年龄进行调整，跟他们就所受的教育和作为孩子的状态这些主题进行讨论。自从我的咨询室营业以来，我从未停止过依靠孩子去了解情况，去判断什么才对他们有益。关于他们自己、他们的父母、他们的老师以及其他成年人对待他们的行为方式，孩子知道的事情比我们想象的要多得多，只要我们鼓励他们表达自己的意见。

通过与孩子的互动，您会发现他们对这个主题，即自己所受的教育，是多么感兴趣，多么关注！孩子经常意识到自己的处境有多不公正，他们之所以没有这么强烈地表达出来，是为了保护我们——作为成年人的我们。我们认为他们比我们弱小，他们却已明白在我们无力尊重和信任他们的时候，不过是我们在面对自己的无能为力，也看清了我们宁愿冒风险而对他们进行强力限制和操控时的惊慌失措。大部分时候他们放弃自己的权利，放弃表达自己的需求，他们忍耐着……直到有一天，他们自己成为成年人。

我个人相信，我们的一部分潜意识会推动我们复制童年痛苦的教育经历，有时我们甚至会捍卫那些模式，这部分潜意识伤痕累累，因而不得不放弃，甚至连同孩子的灵魂一起失去。但我依然相信，我们的孩子会教会我们如何找回它。

Published in the French language originally under the title:
Parents bienveillants, enfants éveillés. Les 10 clés d'une éducation efficace
© 2017, Éditions First, an imprint of Édi8, Paris, France.
Simplified Chinese edition arranged through Dakai - L'Agence

图书在版编目（CIP）数据

有效教育十法 / (法) 洛朗斯 · 迪代克著 ; 郑园园译.— 北京 : 生活书店出版有限公司, 2021.6
ISBN 978-7-80768-224-0

Ⅰ. ①有… Ⅱ. ①洛… ②郑… Ⅲ. ①儿童教育－家庭教育 Ⅳ. ① G782

中国版本图书馆CIP数据核字(2021)第032053号

策划编辑　李　娟
责任编辑　廉　勇
装帧设计　视觉共振设计工作室
封面插画　芊　祎
责任印制　常宁强
出版发行　生活書店出版有限公司
（北京市东城区美术馆东街22号）
图　　字　01-2020-2339
邮　　编　100010
经　　销　新华书店
印　　刷　北京新华印刷有限公司
版　　次　2021年6月北京第1版
2021年6月北京第1次印刷
开　　本　787毫米 × 1092毫米　1/32　印张9.25
字　　数　150千字
印　　数　0,001- 6,000册
定　　价　52.00元
（印装查询：010-64052612；邮购查询：010-84010542）